KB127874

아시안 하이웨이 6호선

나 는 바 이 크 타 고 시 베 리 아 에 간 다

아시안 하이웨이 6호선

김현국 지음

RHK
알에이치코리아

3장. 탐험의 여정2

4장. 탐험의 여정3

1장. 탐험가의 탄생

세계 탐험가클럽
최초의 한국인 정회원

모터바이크로 80일 넘게 1만 km가량을 달렸다. 부산에서 출발해 시베리아를 거쳐 러시아 국경을 넘어 라트비아의 작은 도시 레제크네에 도착했다. 밤 9시 30분. 그날 하루만 230km를 달렸는데 그 중 180km 정도를 빗속에서 달렸다. 대륙을 횡단하며 그처럼 비를 오랜 시간 맞은 건 처음이다. 우의를 입었는데도 온몸이 젖어 체온이 뚝 떨어졌다. 우여곡절 끝에 숙소를 간신히 찾아들어 짐을 풀었다.

나는 비로소 컴퓨터를 켜고 메일을 확인할 수 있었다.

"Congratulation!"

뉴욕에 본부를 두고 있는 세계 최대 탐험가 단체인 '더 익스플로

러스 클럽The Explorers Club'에서 나를 정회원으로 확정했다는 소식이다. 며칠 전 소식을 듣긴 했지만 문서로 확인하니 좀 더 실감이 되었다. 한국인으로서는 최초의 정회원이다. 준비기간만 무려 1년이나 걸렸다.

'더 익스플로러스 클럽'은 1904년 최초로 그린란드를 탐험한 프레데릭 쿡과 몇몇 탐험가들이 주축이 되어 창설한 단체로 100년이 넘는 역사가 있다. 교과서에서나 들어봤던 이름들이 이 클럽의 회원이다. 대표적으로 최초의 북극탐험가 피어리와 최초 남극탐험가 아문센, 그리고 에베레스트를 최초 등정한 힐러리 경, 최초로 달에 착륙한 암스트롱 등이 있다. 모두 세계 '최초' 혹은 '최고'라는 수식어를 가진 사람들이 대부분이다.

가슴 깊은 곳에서부터 표현하기 어려운 감정이 묵직하게 차올랐다. 기쁨과 위로와 안도가 교차하는 중이었다. 나는 크게 심호흡을 했다. 이 벅찬 감정을 온전히 나 홀로 끌어안고 숙소에서 잠을 청해야 했는데 쉽게 잠들지 못했다. 이럴 땐 술 한잔 가볍게 앞에 두고 누군가와 이야기하다가 잠들면 좋겠다는 생각이 들었다.

1904년 창립된 뉴욕
THE EXPLORERS CLUB

금단의 땅으로
가는 길

우리나라는 1989년, 내가 대학생일 때 해외여행 자유화가 시행되었다. 누구나 세계 어디든 마음껏 갈 수 있는 오늘날 청년들이나 청소년들에게는 상상하기 어려운 시대일 것 같다. 그 시대를 살았던 사람들은 대부분 그러면 그러려니 하고 살았으니 불편함도 답답함도 몰랐다. 인터넷도 없고 보여주는 대로 보는 신문이나 방송 프로그램으로 세상을 보았다.

나 역시 그랬을 테지만 누가 보면 꽤 답답함을 느끼며 살았던 사람처럼, 이때를 기다렸다는 듯이 1991년 여름방학 때 처음으로 우리 땅을 떠나 다른 나라에 가보았다. 생각해보면 그때 내 현실이 정말 답답하고 답이 없던 상황이었으니 그게 꼭 틀린 말은 아니다.

나는 우리나라를 떠나면 어떤 과정을 통해 남의 나라에 입국하고 어떻게 다시 돌아오는지 체험하기 위해 일본을 다녀왔다. 나에게 무슨 일이 생긴다면 그래도 지리적으로 가까운 나라이니 어떻게든 도움받기도 쉽지 않을까 해서 선택한 나라였다. 지금의 시선으로 보면 웃음이 날 일이다. 하지만 서울과 같은 대도시도 아니고 지방에서 꽤 자연 친화적으로 성장해서 대학을 다니고 있던 나로서는 그건 일종의 모험이었다.

20대 시절 나는 기존의 모든 질서와 내가 발 딛고 있는 세계의 기성세대를 못마땅하게 생각한 혈기왕성한 청년이었다. 사회는 민주화의 격랑을 헤쳐나가고 있었고 나는 마음과 머리가 모두 아픈 개인사에 지친 나머지 집에서 되도록 멀리 떠나고 싶은 마음이 간절했다. 그러나 한 번이 어렵지 두 번째부터는 쉬워진다. 간신히 비행기표 한 장 살 수 있는 돈을 마련해서 인도에 갔다.

거기서 우연히 한 선교사님을 만났는데 한동안 숙식을 제공해주셨다. 그게 어려워졌을 때는 때로 노숙도 하면서 1년 6개월씩 두 차례에 걸쳐 약 3년 정도를 인도에서 살았다. 따뜻한 기후에 돈이 없어도 그럭저럭한 삶이 가능한 나라였다. 나는 내가 어떤 사람인지, 내 미래는 어떤 모습일지, 무엇을 하며 살고 싶은지 많은 질문들을 안고 배회했다. 그런데 그 무렵 세상을 뒤흔든 역사적 사건이 일어났다.

소비에트 해체와 열린 문

1991년 11월 소비에트 연방이 해체되었다. 1917년 혁명을 거쳐 70년간 존속했던 세계 최대의 사회주의 국가가 무너진 것이다. 6·25 전쟁 이후 본격화된 냉전으로 40년이 넘는 시간 동안 미국이나 서방 세계와 같은 발걸음을 걸었던 한국과 한국인에게는 믿기지 않는 사건이었다. 미국의 대척점에서 냉전시대를 이끌던 초강대국 소련이 붕괴되어 여러 나라로 갈라졌다는 사실은 뉴스만으론 실감하기 어려웠다.

시간이 지나면서 세계의 눈은 여전히 가장 큰 국토를 가진 러시아에 쏠려 있었다. 오랜 세월 쉽게 갈 수 없는 금단의 땅이자 알 수 없는 미지의 세계였던 이 땅이 서방세계가 보았을 땐 새로운 시장과 자원의 보고로서 기회의 땅이 되었다. 쉽게 말하면 자본주의 국가에선 생필품이 쓰고도 남아도는데 이것을 소화해줄 엄청나게 큰 시장이 열린 것이다.

더구나 러시아 영토의 대부분을 차지하는 시베리아는 혹독한 자연환경을 가진 동토의 땅이자 범죄자들이나 가는 유형의 땅이었지만 국경이 열리면서 시각이 달라졌다. 엄청난 자원을 품고 있지만 아직 개발되지 않은 땅, 아직 가공하지 않은 다이아몬드 원석과도 같은 땅이었다.

나는 그 후 러시아를 구체적으로 바라보려고 했다. 새로운 곳에 대한 갈망이 컸기 때문에 미지의 세계였던 러시아는 가장 궁금한 나라였다. 1992년 김영삼 정부가 들어서자 "시베리아 횡단열차는 철도가 아니라 경제입니다"라는 슬로건을 걸었던 것으로 기억한다. 정부도 분명히 기회의 땅임을 인식하고 국민에게 대륙으로 시선을 넓히고 도전하자는 메시지를 전하려 했던 것 같다.

그러나 보통 사람에겐 여전히 금단의 땅으로 러시아에 대한 정보가 없었다. 새로운 시장이자 자원의 보고라는데 누구도 그 땅에 대해 알지 못했고 어디서도 정보를 얻기 어려웠다. 지금 생각하면 우습지만 나는 그때 무슨 큰 사명을 가진 사람처럼 '그렇다면 내가 가서 알아봐야겠다'는 생각을 한 것 같다. 아무것도 가진 것이 없는 학생이었지만 가고자 하는 곳에 길이 있고 도움이 있을 거란 막연한 생각으로 일단 부딪쳐보기로 했다.

러시아에 찍은 첫 발자국

그 집착 덕분에 1995년 나는 배낭 하나 메고 시베리아의 도시 하바롭스크에 내리는 데 성공했다. 굳이 '성공'이라는 표현을 쓰는 이유는 러시아 땅으로 가는 비행기를 타기까지 순탄하지 않은 과정을 겪었기 때문이다.

먼저 내가 사는 지방 도시에선 시베리아를 취급하는 여행사가 없었다. 서울을 20여 차례 오가며 출국 준비를 했다. 초청장에 근거한 비자를 받아야 하고, 어디를 갈 것인지 잘 생각해서 조그마한 비자 종이 안에 도시 이름을 써넣어야 했다. 지금은 어디나 갈 수 있지만 당시에는 아직 사회주의 시스템이 건재하게 남아 있는 시기였기 때문에 이동 자유에 제한이 있었다. 비자에 기입한 곳이 아니면 어떤 곳도 갈 수 없었다. 광활한 러시아 영토로 보자면 하바롭스크에서 비교적 가까운 블라디보스토크를 가려고 해도 통행증이 있어야 가능했다. 그런데 러시아 도시들의 이름이 대체로 길다. 몇 군데를 쓰지도 않았는데 쓸 수 있는 빈칸이 꽉 차 버렸다.

나는 대학 4학년 여름방학을 하바롭스크에서 베이스캠프를 치고 보냈다. 러시아에서 활동하고 있는 선교사의 배려로 초청장을 받고 갔는데 신학교를 숙소로 쓰도록 허락해주었다. 나는 거기서 소련의 해체를 바라보는 서방의 시각과 러시아 국민들이 감당해야 하는 고통에 대해 제한적이긴 하지만 듣고 보고 경험하는 시간을 가질 수 있었다.

설득의 실패

여름방학이 끝나고 한국으로 돌아와 나는 주변 선배 형들이나 아는 사람들을 설득하기 시작했다. 함께 시베리아를 횡단해보자고 했다. 우리는 북방 민족의 유전자를 가지고 있다, 몸속에 있는 북방유전자의 본향인 시베리아 대자연과 만나보자, 때가 되면 연어들도 고향으로 거슬러온다, 시베리아 어느 곳이 먼 우리 조상의 고향이었다면 우리 고향도 된다, 이런 논리의 비약인지 논리의 빈약인지 알 수 없는 말들로 먼 조상님까지 들먹이며 같이 가자고 뜨거운 마음을 전했다.

결과는 참담했다. 그들은 모두 손사래를 치며 이구동성으로 거길 어떻게 가느냐, 거기 빨갱이국가 아니냐, 맨 언 땅뿐인데 뭐 볼 게 있다고 가느냐, 그리고 그마저도 이제 망한 나라인데 거기서 무슨 일이라도 생기면 어쩌려고 거기를 가느냐고 했다. 아예 웃으면서 그러지 말고 네가 먼저 가서 자리 잡은 후 우리를 불러라 하는 이가 있는가 하면, 반대로 너 혼자 거기 갔다가 죽으면 우리가 시체를 처리해야 하는데 그 골치 아픈 문제를 어떻게 하라고 그 위험한 데를 가냐고 말하는 선배도 있었다.

관심이 없거나 겁을 내거나 둘 중 하나였다. 내가 이미 보고 왔다, 괜찮다, 함께 가면 더 힘이 된다고 말했지만 한 사람도 설득되지 않았다. 다들 부정에 부정을 더한 말들로 내 앞을 가로막거나 뒷덜미를 잡았다. 그땐 나도 '그래 어려울 거야'라고 생각하기도 했다. 그러나 조금 지나면 다시 '정말 어떻게 안 될까?' 하는 생각이 서서히 고개를 들었다. 꿈과 현실 속에서 갈등하며 포기하기 어려운 마음 때문에 한동안 엄청난 무력감에 시달렸다.

지겨운 말이 어느 날

그러다가 어느 날 큰아버지 말씀이 번개 치듯 내 머릿속을 두드렸다. 어린 시절 우리 식구는 큰댁과 한집에서 살았다. 나는 크게 배움은 없어도 주눅 들지 않고 자기 삶을 기개 있게 개척해나간 큰아버지를 좋아했는데, 옛이야기를 하실 때면 꼭 빠지지 않고 등장하는 말이 있었다.

"내가 만주를 거쳐 상해를 갔다, 만주 가는 길이 참으로 춥더라. 근데 거길 내가 갔다 왔다."

얼마나 만주벌판이 추웠는지, 그렇지만 그걸 이겨내고 상해로 가서 해야 할 일을 하셨다는 당신이 얼마나 대견하고 자부심이 있는지 말 마디마디 느껴졌다. 하지만 나는 큰아버지가 귀에 못이 박히도록 하신 그 고정 레퍼토리가 한편으로는 지겨웠다. 그런데 그토록 듣기 싫은 말이 왜 그때 갑자기 천둥 벼락처럼 내 의식을 깨웠는지는 알 수 없다. 그 말은 시베리아를 가느냐 마느냐의 문제로 갈팡질팡하던 내 마음을 잡는 데 결정적인 힘이 되었다.

큰아버지도 그 추운 겨울 만주벌판을 걸었는데, 교통도 옛날보다 좋고 그것도 여름에 갈 거면서 내가 못할 것이 무엇인가? 생각이 여기까지 이르자 마음 깊이 알 수 없는 위로가 되고 뜨거운 힘이 솟았다. 지치고 날 섰던 마음이 한결 누그러지면서 나 홀로 감당할 힘이 생겨났다. 비로소 그때 '그래. 나 혼자 가자'고 결심하게 되었다.

가 마차를 타고 시베리아를 횡단했다'는 말이 바로 여기서 나왔다. 6월 13일 작은 외륜선에 마차를 싣고 바이칼호수를 건넜다. 6월 20일 스레텐스크에서 증기선 에르막(Ermak)에 승선했다. 배를 타고 실카강과 아무르강을 따라 동쪽으로 이동, 블라고베셴스크와 하바롭스를 거쳐 7월 5일 오호츠크해 연안의 도시 니콜라옙스크 항구에 도착했다. 눈앞에 사할린 섬이 있었다. 7월 8일 상선 바이칼을 타고 타타르 해협을 따라 내려오다가 7월 11일 사할린 중부 알렉산드롭스크에 도착한다.

체호프에겐 자기 나라 땅을 가는 일이라 하더라도 그 당시에도 시베리아 횡단은 쉬운 일이 아니었다. 시베리아 횡단철도가 건설되기 전이다. 체호프는 모스크바에서 사할린까지 마차와 배와 기차를 이용해서 두 달 20일(81일)이 걸려 도착했다. 러시아제국 뱃길은 예니세이강, 레나강, 오브강 등 북극해로 빠져나가는 수많은 강을 따라 시베

1890년 만 30세 나이에 시베리아 횡단 여행에 나선 안톤 체호프를 배웅해주는 가족과 친구들 (사진출처: chehov-lit.ru)

리아 극동까지 연결되어 있었다. 이렇게 강이 많고 저지대 습지이기 때문에 시베리아에서는 발을 뺄 수도 없는 진흙길도 만나고 마차가 부서져서 걸어가는 일도 있었다.

길을 내는 사람

그는 사할린에서 돌아온 후에 오랫동안 글을 쓸 수 없었다고 했고, 이후부터는 작품세계가 크게 달라졌다. 풍자와 유머가 가득한 소설을 주로 쓰다가 사회문제를 주제로 한 현실 비판적인 작품을 쓰기 시작했다. 어디에도 속하지 않은 자유로운 영혼을 가진 예술가가 되고 싶었던 체호프에게 사할린에서의 경험은 지식인의 사회적 책임에 대한 각성을 안겨주었던 것 같다.

나는 공부도 열심히 안 했고 지식인은 더더욱 아니었지만, 체호프의 시베리아 횡단 이야기에 마음이 뜨거워졌다. 지적 노동에 종사하는 '인텔리겐챠'였던 그가 안온한 모스크바를 떠나 지옥과 같은 유형지로 고생길이 훤한 3개월의 여정을 떠난 그 자체가 젊은 나를 사로잡았다. 내가 달렸던 그 길, 전혀 포장되지 않은 그 길을 마차를 타고 달렸던 체호프를 상상하는 일은 어렵지 않았다. 배운 사람들이 사회적 책임을 가지고 어려운 길을 마다하지 않고 가는 것, 아직 때가 덜 묻은 혈기 왕성한 젊은이였던 내게 그만큼 의로운 일은 없어

보였다. 가치 있고 본받고 싶은 매력적인 삶으로 다가왔다.

나는 회사가 아닌 길 위에 내 이력서를 제출하기로 마음먹었다. 1996년 첫 횡단 때까지는 유라시아 대륙의 길을 탐험하겠다는 생각은 하지 않았다. 호기심에 러시아를 한번 가봐야겠다는 정도였다. 그러나 시간이 지날수록 다시 가보고 싶었고 생각이 달라졌다. 나 혼자가 아니라 더 많은 사람이 함께 가는 길을 내는 사람으로 살겠다고 생각했다. 누구도 내게 그렇게 하라고 하지도 않았고 누구도 인정해주지 않는 전업 탐험가의 길로 내 삶의 좌표를 찍었다.

길 위의 삶이란 지연, 혈연, 학연을 떠난다는 것이며 이것은 공동체로부터 고립되는 것을 의미하지만, 가치 있는 일을 위해서라면 기꺼이 감수해야 할 부분이라 생각하며 마음을 다잡았다. 나는 보통 사람들이 걸어가는 삶의 길에서 이탈하여 유라시아 대륙의 험난한 길 위에 섰다. 나의 이력은 길에서 시작한다.

길을 내는 자
흥한다

어떤 사람들은 같은 길을 왜 반복해서 가느냐고 묻는다. 길은 갈 때마다 다르다. 새롭게 난 길도 있고 이미 있던 길이 새롭게 단장한 경우도 있다. 현지 친구들을 통해 내가 모르던 길을 알게 되는 경우도 있다. 어떤 외국인도 천만 명이 사는 도시 서울을 한두 번 오는 것으로 서울을 다 알 수 없는 것과 같다. 스마트폰 속 지도가 보여주는 것 이상의 정보를 가지고 있으려면 반복적인 발걸음은 어쩌면 당연하다.

또 대륙의 자연환경이 느리게 움직이는 듯이 보이지만 그렇지 않다. 경치가 단조롭고 느린 것 같지만 시간은 흐른다. 황량한 광야에 서조차도 실로 자연이나 사람 속에서 진한 생명력을 느낄 수 있는

데, 거친 대자연의 녹록치 않은 환경에서 지혜롭게 살아가는 사람들의 역동적인 삶의 현장을 만나는 일은 외로운 길에서 큰 위로와 힘이 된다.

그리고 나는 보통 사람이다. 누구나 그렇겠지만 특별한 재능이 없는 사람이 혼자 어떤 중요한 일을 하겠다고 결심했다면, 다른 사람보다 더욱 많은 시간을 단순하게 반복하며 지속적으로 그 일에 공을 들이는 것밖에는 다른 방법이 없다. 사실 우리의 삶이 무거운 짐을 지고 끝없는 길을 걷는 것과 같다면, 이를 대하는 자세는 '단순 반복 지속'이다. 모든 문제의 답은 결코 화려한 기술이나 스펙에 있지 않고, 단순 반복 지속을 통해 결국 무엇인가 감당할 수 있는 저력을 만들어내는 것이 아닐까.

하지만 반복하면서도 늘 낯선 일도 있다. 엄청난 대장정을 견뎌낼 빠르고 튼튼한 바이크도 필요했고 횡단 과정에 필요한 비용도 마련해야 했다. 필요한 것들을 준비하면서 많은 시간을 쓰고 고뇌하고 결심해야 했는데, 유라시아 대륙횡단보다 이런 문제를 해결하는 것이 더 어려운 일이었다. 여기에 내 삶을 걸어보겠다 했으니 이 모든 것도 내가 감당해야 할 몫이었다. 다만 이 일은 누군가는 해야 한다고 생각하며 해온 과정에서 '나'만 생각했다면 지금까지 이 일을 이어오지 못했을 것이다.

확장된 시선으로 바라본 우리

　우리는 남과 북의 분단으로 70여 년을 고립된 섬과 같은 땅, 부산에서 서울까지의 400km 안에 5천만 명이 살고 있다. 70년대 산업화 시대, 80년대 민주화 시대를 지나 OECD 국가에 진입했고, 특유의 성실함과 부지런함으로 놀라운 한강의 기적을 이루고 국민소득 3만 불 시대에 접어들었지만, 작은 국토에서 높은 인구밀도를 가지고 살면서 선택의 범위가 제한적이고 이 안에서 경쟁은 굉장히 치열하다. 성장은 한계에 부딪혔고 새로운 활로를 위한 길을 내야 한다고 생각했다.

　좁은 국토의 한계를 벗어나 우리는 어떻게 작지만 강한 나라가될 수 있을까에 대한 고민이 내겐 좀 일찍부터 시작되었던 것 같다. 1996년 첫 번째 유라시아 횡단으로 400km의 제한된 국토 안에서 머물던 나의 시선은 1만 2,000km로 확장되었다. 나는 한반도가 유라시아 대륙의 시작이라고 말한다. 소비에트가 해체되고 지구촌의 시선이 그곳으로 쏠릴 무렵부터, 러시아와 국경까지 맞대고 있는 한반도에 사는 우리에게 유라시아 대륙은 우리에게 필요한 땅, 기회의 땅이라고 생각했다.

　칭기즈 칸은 말했다. "길을 내는 자 흥하고 성을 쌓는 자 망한다." 영토를 넓혀가기 위해 전쟁을 벌였던 시대를 지나, 오늘날 시장을 선점하기 위해 벌이는 경제전쟁의 시대에도 이 말은 여전히 유효하다. 로테르담에서 만난 한 물류업자는 "물류를 정복하는 자가 세계를 정복한다"고 말했는데 나는 그걸 칭기즈 칸의 말과 같은 맥락으로 보았다.

이제 탐험과 개척은 지리상의 발견을 의미하는 시대는 지났다. 땅을 발견하고 점령한다는 의미보다, 새로운 시장을 개척하여 경제적 주도권을 잡는 것으로 개척의 의미가 확장되고 있다. 유라시아 대륙은 캄차카반도에서 아일랜드 코크섬까지 하면 13개 정도 시차에 인구 45억 명 이상의 거대시장이자 자원의 보고이다. 러시아에만 11개의 시차와 180여 개의 민족이 공존하고 있고 아직 잠 속에서 깨지 않은 듯한 거인과도 같은 시베리아가 있다.

우리가 대륙을 통해 나아가는 일은 막혀 있던 숨구멍을 틔우는 일이며 무엇을 하든 선택할 수 있는 범위가 넓어진다는 것을 의미한다. 한반도로부터 확장된 공간에서 어떤 기회의 가능성을 잡으려면, 우리 중 누군가는 가서 직접 확인하고 알아보고 고민하고 준비해야 한다는 생각을 했다. 처음부터 많은 사람들의 공감과 지지로 시작한 일은 아니었지만, 익숙한 것을 편안하게 생각하는 사람의 본성은 '처음'이나 '낯선' 일에 대해 그렇게 우호적인 시선을 갖기는 힘들 거라 생각했다.

2장. 탐험의 여정1

2 ≫ 블라디보스토크
우수리스크
달네레첸스크
하바롭스크

SWEDEN

FINLAND

NORWAY

ESTONIA

LATVIA

LITHUANIA

POLAND   BELARUS

GERMAN

KAZAKHST

RAINE

• A370, 우수리 연방고속도로
(블라디보스토크-하바롭스크)

Хабаровск

Владивосток

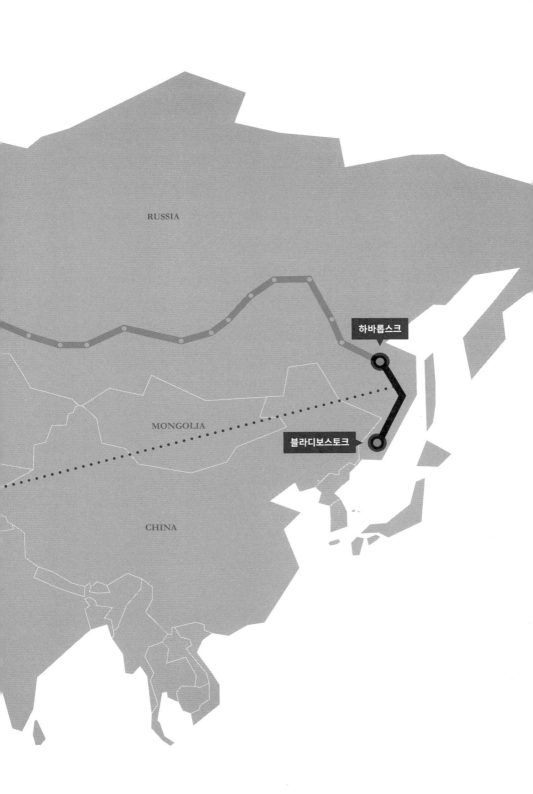

짐 싸기와의
전쟁

2019년 유라시아 대륙횡단은 5월 26일에 시작되었다. 변함없이 모터사이클을 타고 갔다. 2014년엔 부산에서 암스테르담까지 여정이었고, 2019년엔 암스테르담에서 70km 정도 떨어진 로테르담을 목적지로 잡았다. 이 여정은 돌아오는 시간까지 포함하여 140일, 약 4개월 10일 정도의 시간이 걸렸다.

단독으로 유라시아 대륙을 횡단하는 일은 많은 위험이 따르기 때문에 여러 가지 준비를 꼼꼼히 해야 한다. 횡단 비용도 마련해야 하고 모터사이클 정비로 인해 출발이 한 달쯤 늦어졌다. 시베리아는 여름이 아주 짧기 때문에 출발 계획에 차질이 생긴다는 것은 돌아오는 길에 눈과 추위를 만나 어려움을 겪을 수 있다는 것을 의미한다. 그렇기에 여유로울 수 없는 시간이었다.

무기의 딜레마

바이크에 실을 수 있는 짐은 한계가 있다. 한 칸밖에 없는 뒷좌석에 실을 짐을 싸는 과정은 선택, 선택, 선택의 연속이다. 1996년 첫 횡단을 할 때는 그야말로 몇날 며칠을 풀었다 쌌다를 반복했었다. 해체된 소비에트에 대한 온갖 소문들과 사건 속에서 나를 지켜줄 것이 무엇인가를 정말 많이 생각했다. 유럽 여행을 앞두고 누가 나를 해칠까봐 가스총이나 전기충격기를 가져가려고 생각하는 사람은 별로 없을 것이다. 하지만 시베리아 횡단을 생각하면 생각이 달라진다. 1996년에도 그랬지만 지금도 떠나기 전에는 무기에 대한 고민을 한다.

빌 브라이슨이 쓴 《나를 부르는 숲》이라는 책이 있다. 아메리카 대륙의 애팔래치아 산맥 트레일러 종주기인데, 이 책을 보면 '여행하다가 곰을 만나면 어떡하지?'라는 생각에서 시작한 저자의 점점 커지는 상상력이 정말 공감된다. 나 역시 생각으로만 시작한 여행에서 점점 위험한 상상으로 옮겨가면서 별별 생각을 다 했다. 시베리아의 야생에선 곰을 만날 확률도 높기 때문이다.

곰이나 나를 해치려는 사람이 나타나면 가스총을 쓸까, 전기충격기를 쓸까, 칼을 쓸까, 권총으로 쏠까 생각한다. 그러다가 '곰이 덩치가 얼마나 큰데 그거 가지고 되겠어?'라는 생각에 이르면 AK47 자동 소총이라도 들고 갈 듯 생각이 커져 있다. 그런 내 자신을 보면서 깜짝 놀란다.

'아니 내가 시베리아에 누구를 죽이려고 가는 건 아니잖아? 이건 아니지.'

결국 칼은 칼로 망한다는 말이 생각나서 무기에 대한 생각은 일체 내려놓았다. 과감히 내려놓자고 결정했는데 사실 그래도 겁이 났다. 도저히 대륙에서 만나는 많은 장애물들을 나 혼자 감당할 자신이 없었다. 나는 어디에 의지해야 하나? 나는 무엇으로 나를 지킬까? 수없이 생각하다가 다시 '그냥 가볍게 권총을 한 자루 가져갈까?'로 시작한 생각이 또 돌고 돌기 시작하며 짐은 싸지도 못하고 고민과 번뇌만 커진다.

혼자 가지 않는 유일한 방법

누구도 나와 함께 가려고 하지 않으니 나 혼자 가야 하는데 혼자가 아닐 방법은 한 가지밖에 없었다. 신을 모시고 가는 것이다. 이분이라면 '야 나 바빠. 너 혼자 가라' 하고 등을 떠밀 것 같지는 않았다. 어릴 때 빵 준다고 교회에 가고 크리스마스라고 가서 졸기도

했다. 사춘기 때는 힘이 넘치고 내 마음대로 살려고 하는 경향 때문에 교회는 다녔지만 그냥 놀러다닌 것과 다름이 없다.

유라시아 대륙을 횡단하는데 칼이 있어야 하는데… 아니야 곰을 찌른다고 죽겠어? 그럼 총? 근데 내가 누구 죽이려고 횡단하는 거야? 코미디가 아니라 정말 고민이 된다. 할 수 있는 건 다 찾아보고 생각해봤지만, 결국 나는 신을 모시고 가는 방법을 택했다. 나 혼자는 감당이 안 되는데 누구도 같이 가려고 하지 않으니 신이라도 모시고 가야겠다고 생각하게 된 것이다.

사실 작은 성경책 한 권은 무게가 얼마 안 되지만 유라시아 대륙의 길에 나서면 그게 또 얼마나 무거운지 모른다. 성경책 한 권을 배낭 안에 넣겠다고 결정하는 것은 너무나 힘든 일이다. 인간은 텐트가 필요하다고 챙기면서 거기서 조금 더 욕심을 내어 안톤 체호프처럼 시베리아 숲에서 차 한잔 하고 싶다고 생각한다. 믹스커피 3개를 챙기고 나면 물 끓일 코펠이 필요해지고 가스도 필요하다. 사람은 이런 것이 더 필요하다고 생각하지 성경책이 더 필요하다고 생각하지 않는다.

결국은 필요하다고 느끼는 물건과 성경책은 끊임없이 무게 경쟁을 하지만, 밀크커피가 나를 지켜준다고 생각하지 않게 되면 성경책을 넣게 된다. 밀크커피는 나의 낭만일 뿐이다. 그 결정이 이렇게 말로 하면 간단한 것처럼 보여도, 실제는 긴 시간 동안 생각이 멀리멀리 돌아서 머리 빠질 듯한 저울질 끝에 나온 것이니 사람이 참 쓸데 알 수 없는 일들이 많다. 그러니까 부족하더라도 자기 능력과 네트워크 안에서 최선의 준비를 했다면, 일단 실행하는 것은 더 많은 것을 더 짧은 시간에 배우게 되는 것 같다.

다만 바이크의 성능에는 아무런 문제가 없어야 했기 때문에 출발하기 전에 철저하게 정비하는 것은 꼭 필요했다. 나는 내 바이크를 나보다 더 잘 아는 후배를 통해 사전정비를 충분히 하고 일어날 수 있는 상황에 대한 이야기를 잘 듣고 '차량 일시 수출입 신고서'와 '차량 등록증'을 준비했다.

평상복을 입고 달리는 이유

시속 100km 이상의 속도로 달리는 모터바이크를 타기 위해서는 적당한 무게와 보호장치가 달린 옷과 장비들을 착용해야 한다. 그러나 나는 평상복을 입고 바이크를 타고 대륙을 횡단해왔다. 보호대라고는 종아리 덮개 하나뿐이다. 일단 출발 전에 몸과 마음이 너무 지쳐 있어서 무게가 있는 옷과 보호대를 체력이 감당하지 못했다. 그건 여름에 한겨울 옷을 입고 있는 것과 마찬가지여서, 자료를 만들기 위해 하루에 삼십 번 이상을 달리다가 멈추다가를 반복하는 횡단 중에는 거추장스럽고 피곤해진다.

헬멧 선택도 쉽지 않다. 헬멧을 오래 쓰면 아무리 가볍고 좋은 헬멧도 점점 무겁게 느껴지고, 작고 단단한 공간에 갇혀 있는 머리는 스트레스를 많이 받는다. 정수리의 숨구멍을 계속 누르게 되는데 이게 계속되면 탈모가 있을 수 있고 시력도 나빠진다. 나는 머리를 지키기 위해 얼굴을 반쯤 드러내는 경량 헬멧을 쓴다. 하지만 경량 헬멧은 바이크 속도가 시속 80km를 넘기 시작하면 귀가 찢어질 듯 아프다. 바람 소리, 엔진 소리, 큰 차들이 지나가면서 일으키는 갖가지 소음에 괴롭다. 모두 장단점이 있기 때문에 자신의 상태에 따라 어느 쪽으로든 조금 더 견디기 쉬운 상황에 따라 선택하는 것이 맞다고 본다.

물론 복장에서부터 이런 선택은 한 번의 사고로도 생명이 위험할 수 있기 때문에 중요하다. 경량 헬멧을 쓰고 바이크를 탄 채 넘어지기라도 하면 얼굴은 보호받기 힘들다. 생명에는 지장이 없어도 심각한 부상의 후유증을 겪을 수 있다.

바이크를 타는 일은 중노동과 비슷하다. 하루 500km 안팎을 달리고 나면 손 마디가 쑤셔서 잠을 이루지 못할 정도이다. 바이크를 타지 않아도 바이크 진동이 느껴진다. 비포장도로라도 만나 시달리고 나면 몸이 많이 지친다. 오래도록 같은 자세로 앉아서 타기 때문에 다리 힘이 약해질 수도 있다. 그래서 나는 2017년 이후부터는 되도록 텐트를 치지 않고 편히 몸을 눕힐 수 있는 숙소를 찾는 편이다.

세상에서 처음 만나는 길을 불안정한 모터바이크로 달리는 것은 상당한 긴장감을 요구한다. 경량 헬멧만 쓴 채 대형 화물차 옆에서

달릴 때는 바이크가 휘청인다. 나는 길에서 이런 긴장과 한계의 상
황을 거의 매 순간 겪으며 달린다.

대륙의 출발점에 서다

　고속도로를 달려본 경험이 있는 사람이라면 한 번쯤 큼직한 초록
색 표지판에 하얀색 글씨로 '아시안 하이웨이Asian Highway'라고 표시된
표지판을 본 적이 있을 것이다. 그 글씨 아래 아시안 하이웨이 6호
선의 약자인 'AH6'이 표기되어 있고, 다시 그 아래 '한국-중국-카

자흐스탄-러시아'까지 이 6호선이 걸쳐 있는 국가들을 경로 순으로 표시해놓았다. 그게 뭔지 몰라서 궁금해하다가 비로소 알게 된 사람들은 그런 국제도로가 있는 줄 몰랐다면서 신기해한다. 그럼 저 길을 통해서 가면 유럽까지 닿을 수 있는 거냐며 호기심 어리게 한마디 더 관심을 표시하는 사람을 만나면 나는 반가운 마음이 든다.

그런데 아시안 하이웨이 6호선의 출발점은 잘 알아보기 힘들다. 7번 국도 시작점과 아시안 하이웨이 6호선의 시작점이 같다고 보면 되는데 부산 영도다리 건너기 전 롯데백화점 앞쪽에 있다. 이곳에 아무도 관심을 갖지 않는 것 같아서 나는 몇 년 전부터 7번 국도 시작점임을 알리는 표지판 기둥에 "이곳이 유라시아 대륙으로 나가는 출발점입니다"라는 글과 스티커를 붙였다.

국도 7호선은 아시안 하이웨이 6호선과 국내 구간을 공유한다. 아시안 하이웨이 6호선의 출발점에 '이곳으로부터 유라시아 대륙이 시작됩니다'라는 스티커를 붙였다.

불과 2km 거리에 부산역이 있다. '유라시아 플랫폼'라는 이름으로 390억의 국비를 받아 1,400평 규모의 건물을 부산역 광장에 만들어 놓았지만 유라시아와 관련된 소프트웨어는 아직 텅 빈 공간이다. 어떤 콘텐츠들이 들어설지 궁금하다.

횡단의 종착지 유럽의 끝

그럼 아시안 하이웨이 6호선을 이용해 유라시아 대륙횡단으로 갈 수 있는 유럽의 끝은 어디일까. 보통 해외에서 보는 시각은 포르투칼 지브롤터 해협을 유라시아의 끝으로 본다. 하지만 태평양의 끝이 사람에 따라선 꼭 부산이 아니고 목포라고 볼 수도 있는 것처럼, 나는 조금 시각을 달리해 유럽의 끝, 내 횡단의 종착지를 네덜란드 암스테르담으로 잡았다.

내가 유럽의 끝을 암스테르담이라 생각하고 횡단의 목적지를 거기에 둔 것은, 유엔 산하 기구의 주도 아래 만들어가는 '아시안 하이웨이' 프로젝트가 아시아 지역의 인적·물적 교류 확대를 위해 만들어졌다는 점에서 출발한다. 스페인과 포르투갈 다음으로 세계를 주도했던 해양 강국 네덜란드, 17세기 암스테르담에서는 유럽 해상운송 물자의 절반 이상이 네덜란드 선박을 통해 이루어졌다는 점에 주목했다. 식민지 개척과 지배를 위한 역사적 과오를 무시할 수는

포그라니치니 가는 길. 아시안 하이 웨이 6호선은 포그라니치니에서 중국 국경을 넘어 수분화-하얼빈-만주리를 지나 러시아의 자바이칼스크-치타로 연결된다. 하지만 중국은 차량을 가지고 입국하는 것이 금지되어 있어서 나는 모터바이크를 타고 우수리스크에서 러시아 국경마을 포그라니치니까지 갔다가, 다시 우수리스크로 나와 A370 우수리 연방고속도로와 P297 아무르 연방고속도로를 타고 하바롭스크를 거쳐 치타에 도착하는 길을 선택했다.

없지만, "성을 쌓는 자 망하고 길을 내는 자 흥한다"는 칭기즈 칸의 말을 생각하면, 성을 쌓지 않고 탐험과 개척의 역사가 활발했던 나라들이 부강했다는 점은 부인할 수 없을 것이다.

내가 도로의 경쟁력을 알아보기 위해 길을 자료화하는 과정도 개척의 범주에 있다. 과거 네덜란드 상인들이 그랬던 것처럼, 한국에서 생산한 상품이 유라시아 대륙에 있는 많은 나라들로 수출되거나, 한국인들이 유라시아 시장으로 직접 진출하는 데 이 길이 인적·물적 흐름이 원활한 대중화된 길로 나아가길 바란다. 암스테르담은 그런 염원이 담긴 상징적인 목적지라고 할 수 있다.

한밤중에 도착한 달네레첸스크 입구. 연해주 지방의 6월은 백야의 계절이다.

치 않고 당당하게 '너 내가 뭐 도와줄 것 없니? 그러지 말고 우리 집으로 가자' 이런 식의 말을 하는 러시아인을 많이 봤다. 없으면 없는 대로 부끄러워하지 않고 기죽지 않으며 우리나라를 방문한 여행자에게 내가 할 수 있는 건 해준다는 태도가 멋지다. 진정한 자존심이란 이런 것이 아닐까 생각했다.

아웃도어 전문점

달네레첸스크는 유라시아 횡단에서 러시아 구간을 감당할 수 있는 나의 첫 번째 베이스캠프의 역할을 한 중요한 곳이다. 이곳에서 6일 정도를 머무르며 유라시아 횡단에 필요한 것들을 구입했다. 산더미 같은 짐을 단단히 고정할 밧줄과, 시도 때도 없이 오는 비 탓에 젖으면 안 되는 기록장치를 비롯해서 비에 젖지 않아야 할 물건들을 챙길 수 있는 비닐류를 사는 것이 가장 중요했다. 그리고 잦은 비를 대비해서 방습효과가 있는 침낭을 구입했다.

내가 찾아간 아웃도어 전문점은 11개의 시차와 180개의 민족으로 이루어진 세계에서 가장 큰 땅을 가진 러시아의 야외 생활을 감당할 수 있는 거의 모든 것들을 판매하는 곳이다. 야생동물이 살아 있는 대자연을 가진 러시아인들을 위해 다양한 아웃도어 용품들과 총기류 등은 작은 도시에만 들어가도 쉽게 구입할 수 있다. 2017년부터는 한국에서는 횡단에 필요한 물품을 구매하지 않는다. 현지 환경에 적응된 장비들을 현지에서 구입해보는 것도 현장을 이해하는 데 큰 도움이 된다.

그러면서도 내 몸을 방어할 수 있을 것 같은 무기에 자꾸 시선이 가기도 했다. 견물생심이라고 막상 무기를 보니 권총이라도 하나 살까 싶은 마음이 다시 고개를 들었다. 나를 만나는 대부분의 현지인들은 내게 최소한 칼은 소지하고 있어야 한다고 충고해주었다. 그러나

11개의 시차가 있는 나라 러시아. 툰드라와 타이가, 스텝에서 모든 야생 환경을 경험해볼 수 있다.

성경책이 있는 짐 속에 칼이나 총을 찔러 넣고 싶지는 않았다.

내 모습은 외국인이 아니다

사실 내 외모가 '아 이 사람은 외국인이구나' 싶게 확연히 튀는 얼굴은 아닌 게, 러시아는 180개 민족이 사는 곳이라 나와 같은 얼굴을 가진 사람들이 많기 때문이다. 처음엔 나 혼자 너무 튀는 게 아닐까 생각했지만 부랴티야공화국에 가면 거의 우리 모습과 흡사한 몽골계 사람들을 흔히 만날 수 있다. 러시아인 하면 키 크고 하얀 피부를 가진 슬라브계 사람들만 떠올리는 우리는, 러시아를 단순하게 바라보는 큰 고정관념을 가진 셈이다.

러시아인들은 내가 말하지 않으면 내가 외국인이라고 생각을 못한다. 다르게 보지 않기 때문에 어디서 왔는지 묻지도 않는다. 심지어는 말을 붙여봤는데 러시아어를 서툴게 해도 의심하지 않는다. 그냥 '얘는 왜 우리 말을 이리 못해? 못 배운 녀석인가보네' 그런 정도로 생각하고 말 뿐이다. 저 북극 오지쯤에서 살아서 못 배우고 무식한 사람 정도로 생각하고 만다. 워낙 다양한 민족이 살기 때문에 못배운 사람이라고 무시는 할지언정 동양인이라고 무시하는 경우는 별로 없다.

러시아인은 일반적으로 무뚝뚝하고 화난 것처럼 보인다. 특히 언어가 잘 되지 않는 외국인에게는 조금 더 그렇게 보인다. 내가 외국인인 걸 알았을 때 러시아 사람들의 반응 또한 재미있다. 너 외국인이야? 그렇구나. 근데 우리나라가 보통 나라가 아니야. 야생이 살아 있고 만만치 않은 곳이야. 근데 너 이런 우리나라를 여행 왔어? 시베리아를 횡단하러 왔다고? 근데 러시아어도 공부 안 해가지고 왔어? 이런 말들을 한다.

1996년에 러시아 횡단을 할 땐 영어로 길을 물으면 그들은 매번 소리를 질렀다. 도대체 왜 이렇게 화를 내냐고 따지면 "에따 러시야!"라는 말로 끝내버렸다. "여기는 러시아다!"라는 말이다. 러시아에 와서 왜 자신에게 영어로 물어보냐는 것이다. 우리는 외국인이 길을 물었을 때 영어를 못하면 괜히 우리가 미안해하는데, 대체로 러시아인들은 외국에 갔으면 그 나라 말을 최소한 몇 마디는 배워가야 한다고 생각한다. 그게 예의라고 여긴다.

여행자보다 현지인처럼

혹시 외국인으로 보여 무슨 일이 생기지 않을까 하는 걱정은 접어두어도 된다. 다만 옷을 너무 이질적인 느낌이 들게 좋은 것으로 입거나 외국인 관광객처럼 보이도록 입는 건 피해야 한다. 여행복의 위장술이 효과를 발휘할 수도 있다. 특히 단독으로 라이딩을 하는 경우는 더 주의해야 한다. 나는 바이커 전용 복장도 하지 않는다. 그건 앞선 이유와는 좀 다른데, 사고가 났을 때 몸을 보호해주긴 하지만 헬멧을 선택할 때와 같이 달리고 멈추고를 반복하면서 오래 라이딩을 하는데 바이커 전용 복장은 너무 덥기 때문이다.

시베리아는 겨울철 추위만 대단한 게 아니라 여름철 자외선도 만만치 않다. 여름이라도 해가 안 뜨고 흐리면 20도 전후의 기온이지만, 해가 뜨면 자외선이 너무 강해서 화상을 입을 정도가 된다. 긴소매 옷으로 가장 편안하게 현지인처럼 보일 수 있게 입는 게 포인트다.

그리고 옷처럼 예쁘게 치장한 캠핑카와 자동차, 바이크는 범죄의 타깃이 될 수 있기 때문에 자제해야 한다. 나는 대륙을 횡단하며 "나는 지금 세계여행을 하고 있다"고 소리높여 외치는 듯한 차들을 많이 보았다. 신나고 즐거운 상태를 한껏 표현한 그 마음이 어떤 것인지는 알지만 사실 걱정이 된다.

시베리아 시골의 10대 후반 청소년들이나 막 성인에 접어든 20대 초반 청년들도 스마트폰이 있고 인터넷이 연결되어 알 건 다 알고 있다. 여행자는 돈이 있고, 돈이 없으면 바이크라도 뺏어 탈 수 있겠다 생각한다. 광활한 국토를 가진 나라의 가난한 청년들은 너무나 바이크가 좋아 범죄인지 알면서도 자제하지 못하는 경우가 많다.

그래서 러시아에선 바이크를 아무 데나 세우고 자리를 떠나서는 절대 안 된다. 반드시 유료주차장에 세워두어야 한다. 그렇지 않으면 도난당할 확률이 아주 높다. 한국에서는 차든 바이크든 잠깐 업무나 다른 일을 볼 때는 시동을 끄지 않고 세워둬도 대체로 문제가 없어서 자기도 모르게 그럴 수 있는데 러시아에선 위험천만하다. 러시아인들이 얼마나 바이크에 대한 애정과 로망이 큰지를 안다면 그렇게 할 수 없을 것이다.

나와 내 바이크는 노련한 베테랑의 '짬'이 보인다. 흙먼지로 꼬질꼬질하지만 내공 있는 선수처럼 보인다. 거친 자연환경 속에서 사는 러시아 바이커들의 모터사이클도 나와 같다. 크게 눈에 띄지 않는다. 유라시아 대륙횡단에서 중요한 두 가지 목표는 자료를 만드는 것과 살아남는 것이다. 중간에 포기하는 일이 생기지 않고 이 두 가지만 할 수 있으면 되기 때문에 땟국물이 흘러도 괜찮다.

나는 현지인처럼 보이게 신경 쓰는 한편 음식도 중요시한다. 사실 나는 대륙을 횡단할 때 몸이 더 건강해지는 느낌이다. 종일 바이크만 타니까 온몸이 진동에 시달리고 운동을 할 수 없으니 다리 힘과 함께 체력이 떨어질 것 같지만, 그렇게 되지 않기 위해 중간에 다리 힘을 길러줄 트레킹을 짬짬이 한다.

그리고 무엇보다 러시아 음식이 내 입맛에 잘 맞는다. 횡단 준비를 하느라 쓰러지기 직전까지 간 체력을 끌어올리기 위해 러시아의 건강한 현지식만큼 좋은 게 없었다. 달네레첸스크에서 머물며 단백질과 지방 함량이 높은 고열량 음식을 잘 먹고 체력을 회복하며 몸을 만들고 감각을 살린다. 그리고 바이크를 점검하고 현지인들과 네트워크를 하며 움직인다.

소련 시절부터 도시 전체에 온수를 공급하고 난방을 하고 있다. 평원과 숲이 대부분인 시베리아에서 저 멀리에 도시가 있음을 알려주는 등대 역할을 하는 것이 이 화력발전소의 거대한 굴뚝이다.

알렉은 루체고르스크를 벗어나는 곳에 있는 검문소를 지날 때까지 함께 달리며 배웅해주었다. 러시아의 길 위에서 만난 사람들은 대체로 좋은 추억을 안겨주었다. 가까이 대자연과 더불어 사는 삶이어서 그런지 사람들은 순박하고 정이 많았다.

연해주 개척자

낮은 산길을 타고 오르거나 숲속의 길을 30여 분 달리다가 길가에서 카페를 만났다. 아직 하바롭스크까지는 240km가 남아 있다는 것을 알리는 표지판에 '엘도라도'라는 카페 이름이 적혀 있었다. 이 카페가 있는 곳이 연해주와 하바롭스크 지방을 나누는 경계선 부근으로 블라디보스토크로부터 530km 떨어진 곳이다.

러시아에서 연해주 지방은 탐험가이자 지리학자, 인류학자인 아르셰니예프Арсéньев에 의해 개척되었다. 산업화된 문명기술을 가지고 시베리아에 도착했지만 이 지상 최고로 거친 자연환경은 순순히 품을 내주지 않았다. 문명인이라 자처했겠지만 영하 40도가 넘는 시베리아 추위에서 자기 몸을 보호하겠다고 입고 온 옷이 고작 모직

물이었다. 한여름에는 습지의 진탕과 벌레떼의 습격을 견뎌야 했다. 이 혹독한 야생에서 그들이 내세울 수 있었던 것은 자료를 수치화할 수 있는 능력과 좀 더 발달된 총기를 가졌다는 것이었다.

그러나 시베리아 개척사에 '저항'이나 '싸움'은 없었다. 미국의 서부 개척시대를 보면 원주민 살육이 끔찍했는데 러시아의 동부 개척사에는 싸움이 없다. 개척에 앞선 사람들이나 이곳으로 보내진 범죄인들이 모진 노동을 하다가 희생된 경우는 많았지만 원주민과의 싸움은 거의 없었다. 그도 그럴 것이 싸울 사람이 없다. 당시의 연해주는 우리나라보다 땅이 넓지만 인구는 1만 명밖에 안 되었다. 이들은 누구라도 사람이 오면 좋고 언제나 사람이 그리운 사람들이었다.

아르셰니예프는 자신의 능력과 경험과 자존심을 내려놓았다. 수천 년 동안 이 대자연에서 순응하며 삶을 이어온 원주민의 지혜를 빌리기로 했다. 아르셰니예프와 함께했던 원주민 가이드가 '데르수 우잘라 Darsu Uzala'이다. 데르수 우잘라를 통해 아르셰니예프는 1902년부터 1910년에 걸쳐 당시 지도상엔 공백지대로 남

●
연해주 지방을 개척한 것으로 알려진 러시아의 탐험가 블라디미르 클라우디예비치 아르셰니예프

아 있던 우수리 지방과 시호테알린 산맥 일대를 수차례 탐사하며 하바롭스크 지방과 경계를 이루는 비킨까지 개척했다. 우수리스크와 스파스크달니 사이에는 이 탐험가 이름 그대로 '아르셰니예프'라는 지명의 도시가 있다.

일본의 영화감독 구로자와 아키라는 동명의 영화 〈데르수 우잘라(1975년)〉를 만들었다.

연해주 지방과 하바롭스크 지방의 경계 부근

북해도의 원주민 아이누족을 일본으로 편입하면서 시베리아 북방계와 연결된 이야기를 만들어가려고 했던 것 같다. 나는 아르셰니예프가 연해주 지방을 답사하면서 저술한 책 《타이가에서의 만남》을 번역하여 국내에 소개했다. 이 책은 우수리스크의 타이가림 지대에서 대자연과 함께 어울려 지내오던 원주민들의 지혜와 야생동물들에 대한 이야기가 주를 이룬다.

루체고르스크를 지나 비킨에 도착하기 10km 전부터 하바롭스크 지방이 시작된다. 나는 곧 나의 데르수 우잘라를 만나게 된다.

3장. 탐험의 여정2

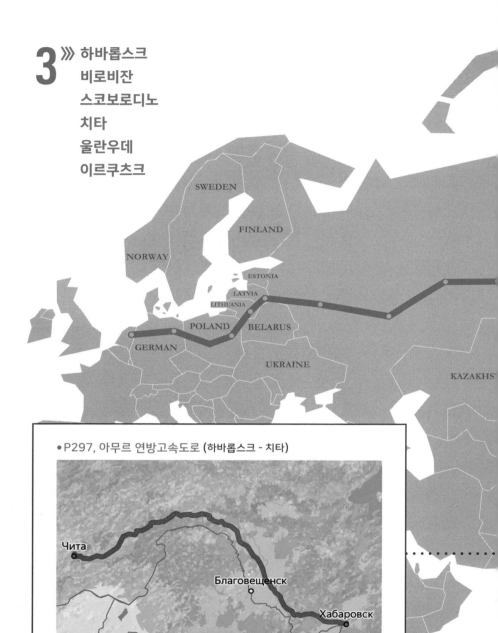

3 ≫ 하바롭스크
비로비잔
스코보로디노
치타
울란우데
이르쿠츠크

SWEDEN

FINLAND

NORWAY

ESTONIA

LATVIA

LITHUANIA

POLAND   BELARUS

GERMAN

UKRAINE

KAZAKHST

• P297, 아무르 연방고속도로 (하바롭스크 - 치타)

Чита

Благовещенск

Хабаровск

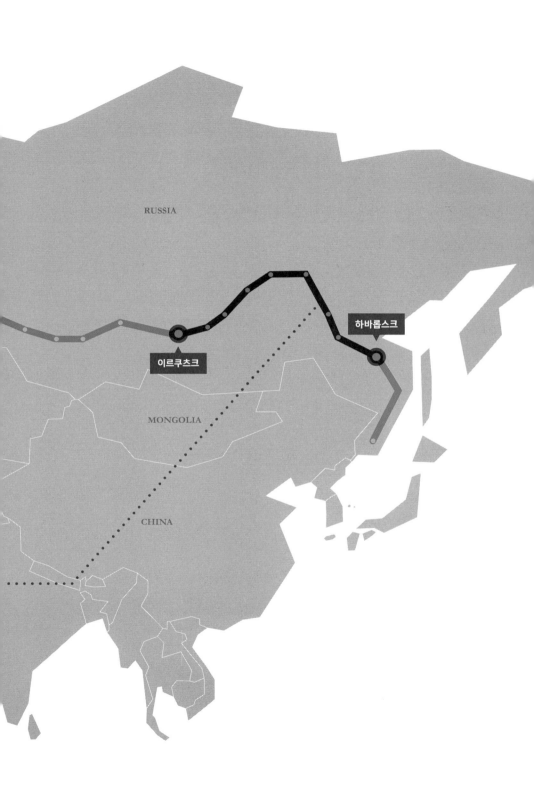

첫날 폭우에 놀라 저체온 증상이 올 정도로 비를 맞을 것 같으면 무조건 비옷으로 갈아입는다. 사방이 확 트인 시야로 인해 저 멀리 떠 있는 먹구름을 보면 그곳에 비가 내리고 있다는 것을 알 수 있다. 대략 30분 정도 달리면 빗속을 벗어

하바롭스크 입구. 조형물에 배가 등장하는 것은 이 도시가 오래전부터 아무르강과 깊은 관계를 맺고 있기 때문이다.

난다. 다시 푸른 하늘 아래 햇볕이 쨍쨍한 상황을 맞는데 비옷은 몸을 무척 힘들게 한다. 더위와 몸 안의 습기가 밖으로 나가지 못해 몸이 부대낀다. 자갈과 흙먼지 길이 반복된다.

뱌짐스키에서 120km를 달려 하바롭스크에 도착했다. 도시는 복잡해지고 거대해졌다. 시베리아는 호수와 강이 많아서 땅이 질퍽질퍽한 저지대 습지로 이루어져 있다. 철도가 놓이기 훨씬 전부터 서구인들이 개척한 이곳은 강이 주요 운송로가 되었다. 도시 주변엔 아무르강(흑룡강)이 흐르고 있는데 돛단배가 하바롭스크 입구를 장식하는 조형물이 되는 이유이다.

"모든 바이커는
형제다"

하바롭스크의 시내에 들어갔지만 너무 복잡해서 어디로 갈지 도무지 방향을 잡지 못했다. 과거에 왔던 기억은 머릿속에 선하지만 도시는 너무나 달라져 있었다. 여행자에게 매일매일 밀물처럼 다가오는 질문은 '어디에 무거운 짐을 풀고 지친 몸을 쉴까'이다. 겨우 투어리스트 호텔을 찾았지만 호텔 숙박비가 상상을 초월할 정도로 비쌌고 그마저도 빈방이 없었다. 호텔 밖으로 나와 고민하고 있는 내게 보스의 차를 운전한다는 사람이 다가왔다.

환한 표정으로 내게 말을 걸어온 그는 자신을 '세르게이'라고 했다. 나는 흙탕물로 뒤덮인 상의와 바지를 그가 볼 수 있도록 내밀며 여행자에게 절실한 것이 숙소임을 표현했다. 그런데 나의 필요와는 전혀 무관해보이는 답변이 돌아왔다. 오늘부터 바이크 축제가 열리는데 내가 원하면 그곳에 갈 수 있다고 했다. 그는 축제라는 단어를 사용하며 약간 흥분한 듯 보였다.

나는 좋다고 흔쾌히 답을 해놓고 그래도 지금은 당장 숙소가 필요하다고 말했다. 그는 텐트가 있냐고 물어왔고 나는 달네레첸스크에서 구입한 방수 침낭에 그의 시선이 향하도록 제스처를 취했다. 침낭 위에 실린 가방 안에 텐트가 들어 있다는 말도 덧붙였다.

세르게이 말로는 '이 지역에서 열리는 가장 큰 바이크 축제'라고 하는데 타이밍이 딱 좋게 여행자의 호기심을 자극했다. 그는 축제에 가면 모든 것이 해결되니 걱정말라고 했다. 축제장까지는 35km 정도인데, 사실 낯선 곳에서 홀로 있는 사람이 처음 만난 사람의 제안대로 바로 움직이는 것은 쉽지 않다. 하지만 나는 러시아의 바이크 문화에 대해 알고 있었고 앞서 시베리아를 횡단하면서 만난 러시아 사람들에 익숙해져 있었다. 그들의 바이크 축제를 직접 경험해보고 싶었다.

바이크 축제로의 초대

15분 정도가 지나자 호텔 건물의 모퉁이로부터 모터바이크 한 대가 들어왔다. 세르게이의 친구가 보낸 '이반'과 바이크를 달려 시외로 빠져나왔다. 다챠(러시아식 여름별장)가 몇 채 있는 곳을 지나 아파트촌 상가에서 이반은 페트병 맥주와 만두, 양배추, 감자 등의 식재료를 구입했다. 비용을 분담하려 하자 그럴 수 없다고 단호한 표정을 짓는다. 나는 물 한 병과 아이스크림 두 개를 사서 하나를 그에게 건넸다.

다시 모터바이크를 타고 20여 분을 달려서 비포장도로를 만났다. 푸른 하늘 아래 뿌연 흙먼지 속을 통과하자 숲과 강 사이의 넓은 공터에 다다랐고 족히 100대는 넘어 보이는 모터바이크들이 일렬로 쭉 공터의 끝까지 세워져 있었다. 이반이 지정해준 자리에 바이크를 세우고 텐트를 쳤다. 마쉬까가 다시 내 눈을 공격하려고 머리 위에 모여들었다. 빠르게 텐트 안으로 들어가 벌레들이 들어오지 못하도록 모기장을 쳤다.

축제장에는 클럽별로 각각의 텐트촌이 곳곳에 만들어져 있고 그곳에는 오픈된 방갈로가 한 채씩 있었다. 방갈로 안, 긴 식탁 위에는 보드카와 홍차가 놓여 있었고 마당에는 드럼통 위에 놓인 커다란 밥솥에서 기름밥 '플롭'이 익어가고 있었다. 내가 멈추어 서자마자 벌레들이 다시 모여들기 시작했다. '이 벌레들을 어떻게 해야 합니까'라는 의미로 괴로운 표정을 지었더니 그들은 웃으면서 벌레가 접근하지 못하도록 뿌리는 약을 내게 건네주었다. 모기약처럼 스프레이로 샤워하듯이 몸에 마구 뿌려대자 독한 약 냄새가 코안으로 들어오기 시작했다.

기름밥이 내 앞에도 놓였다. 그리고 선택의 여지없이 보드카 건배 제의가 들어왔다. 여행지에서 술을 마시는 것은 매우 경계해야 할 사항 중의 하나이다. 하지만 모든 사람이 바라보는 손님이 주인공이 되어서 받게 되는 건배 제의는 어찌 거절할 방법이 없다. 취기가 올라와도 정신을 바짝 차릴 수밖에 없다. 먼저 만남의 반가움과 초대해준 것에 대한 고마움의 표시가 담긴 인사말을 건네고 한잔을 마셨다. 그리고 다시는 술잔을 향해 시선을 주지 않았다.

나를 데려온 이반은 상의를 입지 않은 맨몸의 상태였다. 그의 애인 역시 짧은 반바지와 민소매 차림의 상의를 입고 있다. 이 숲속에서 '아담'과 '이브'라는 별명이 잘 어울리는 연인이다. 러시아 바이커들은 저마다 별명을 가지고 있으며 일상에서도 그런 애칭으로 서로를 부른다. 무대 위에서 록 가수들의 공연이 시작되었다.

러시아의 바이크 축제, 암벽 판을 바라보며 자신의 순서를 기다리는 연인, 아담과
이브

바이크 축제에서 만난 지니스가 자신이 이동해온 구간에서 만난 바이커들의 연락
처를 적어주고 있다.

록 가수를 지키는 바이크클럽

모터바이크 문화는 1960년대에 미국에서 생겨났다. 러시아 일반인들은 바이커들을 록 음악 향유자라고 생각한다. 바이커들이 즐기는 긴머리나 민머리, 가죽재킷과 가죽바지, 문신, 금속 장신구가 로커들과 비슷하기 때문이다. 음악이 바이크족들의 정체성 형성에 많은 역할을 했다. 주류가치에 도전하는 저항과 일탈, 반사회적 행동이 그것이다. 1980년대 초반 소련 정부에 의해 금지되었던 록 음악은, 당시 사회에서 최하위 문화로 취급되며 철저하게 고립되고 무시되었던 바이커 집단에게는 더할 나위 없이 매력적인 선택이었다.

콘서트에 자주 출몰해 가수들을 구타하던 보수적 청년 폭력집단 '류베르이'로부터, 록 가수를 보호하기 위해 모터바이크를 타고 등장하던 시기부터 러시아의 모터바이크 문화가 시작된다. 1989년에 결성된 '심야의 늑대들 Night Wolves'은 러시아의 록그룹 '블랙 다이아몬드'를 보호하기 위해 창단한 바이크클럽이다.

클럽의 리더는 전직 의사 '알렉산드르 잘도스타노프 Alexander Zaldostanov'다. 러시아

러시아의 여성 바이커

러시아는 추운 나라이기 때문에 제대로 된 숙소에서 묵는 비용이 비싸다. 그래서 바이커들은 서로의 클럽에서 재워준다. 넉넉지 않은 좁은 집으로 데려갈 수도 있고 열악한 창고라도 당당하게 자기들 클럽으로 데려가 재워주기도 한다. 보드카 한잔을 권할 수도 있고 한끼 식사비를 보태주는 경우도 있다. 그것이 우리 눈엔 대단한 도움이 아닌 것 같아도 지치고 힘든 대륙의 여행자에겐 얼마나 고마운 일인지 모른다.

그들도 생활인이고 그 속에서 넉넉지 않고 여유가 없는 경우가 대부분이다. 겨우 기름값만 가지고 움직이는 바이커들도 많다. 그런 그들이 여행자에게 베푸는 배려는 얼마나 귀한 마음인지 생각해야 한다. 작은 도움이라도 하찮게 생각해서는 안 되고, 그룹으로 움직이다가 그런 초대를 받았을 때는 민폐가 되는 건 아닌지 살피는 주의가 필요하다. 그들이 삶에서 가치를 두는 것이 현재의 우리와 많이 다를 수 있다. 혹시 만남 이후 돌아서서라도 그들의 형편을 수준낮게 보면서 조롱하거나 업신여기는 태도는 큰 실례고 무례한 일이다.

의리와 의지가 강하고 합리적이며 감정적이지 않은 러시아 사람들은 자신들 사는 형편이 넉넉지 않아도 어디 가서 주눅 들거나 비굴해지지 않는다. 영토의 크기로나 역사로 보나 국민성이 그럴 수밖에 없겠다는 생각은 든다. 그러나 생김새나 차림새, 사는 집, 사는 동네, 직업, 수입 등으로 은근히 사람의 수준을 나누고, 어느새 못사는 것이 부끄러운 일이 되어버린 우리 사회에 사는 일원으로서 그들의 그런 모습은 참으로 부럽다. 우리도 저런 모습일 때가 없었던 건 아닌데 어느새 이렇게 된 건지 생각하게 된다.

혼자 왔냐고 묻는 사람에게

하지만 러시아 바이커 문화가 그 역사에서 보듯 그리 만만하지 않다. 지방의 바이커들은 대체로 강한 러시아를 꿈꾸는 민족주의자이자 친정부파일 가능성이 있어서 그런 부분을 염두에 두고 말과 행동을 조심해야 한다. 만약 러시아의 정치·사회 이야기를 하다가 마음이 상하면 '모든 바이커는 형제다'라고 표방하는 구호와 완전히 다른 행동이 나올 수 있다. 대화에 있어서 폐쇄적일 필요는 없지만 그들이 호의적으로 대한다고 해서 마음을 완전히 열고 긴장을 풀어선 안 된다. 특히 정치나 종교 이야기는 하지 않는 것이 좋다.

러시아인들이 나를 만났을 때는 여러 가지 반응이 있다. 진짜 반가워서 아주 순박한 모습으로 "야, 너 대단하다. 힘들 텐데" 이러면서 박수를 치는 사람이 있는가 하면, "너 너무 무모하다. 바이크가 얼마나 위험한데" 이렇게 말하는 사람도 있다. 그리고 시골에서 만난 사람 중에 "너 혼자 왔냐?"라고 묻는데 그 눈빛이 서늘하다.

시골의 젊은이들은 나를 보면 이런 생각을 할 수 있다. '나도 바이크 너무 좋아하는데 시골 살면서는 갖기 힘들어. 그런데 이 자식은 후줄근해보여도 비싼 바이크 타네. 대륙횡단을 한다는데 돈이 없을 수 없을 거야.' 그런 생각에서 싹튼 마음이 되돌릴 수 없는 사건을 만드는 것이다.

그런데 이런 상황을 만났을 때 우리 본성에는 염려와 걱정은 있지만, 나를 좀 자랑하고 싶은 본성도 함께 가지고 있기 마련이다. 나를 인정해주고 멋지다고 해주는 사람이 있으면 "그래. 나 혼자 왔다. 난 좀 용기가 있지" 이렇게 드러내고 싶어진다. 하지만 이 마음에 브레이크를 걸어야 한다. 본능적으로 뭔가 쎄한 느낌이 있는 사람, 미소를 내보낸 서늘한 눈빛으로 혼자 왔냐고 묻는 사람에겐 이 정도로 대답한다.

"나 일행 있어. 내가 사정이 있어서 좀 빨리 오긴 했는데 우리 팀 곧 올 거야."

나는 대륙횡단을 하면서 되도록 거짓말은 안 하려고 한다. 러시아 사람들이 나를 잘 모른다고 과장하거나 없는 말을 하고 싶지 않다. 그리고 횡단을 시작할 때 누구도 나와 함께 가지 않으니 신을 모시고 가겠다 결심했었다. 이럴 땐 신의 도우심인지 생존본능이 끌어올린 각성인지 '나는 혼자가 아니다'라는 의식이 작동해 저런 대답이 가능했다. 두 가지 모두라고 생각한다.

2014년에 만난 이르쿠츠크의 모터바이크 클럽 멤버인 세르게이는 내 몸을 방어할 무기가 아무것도 없다는 말을 듣고 화를 낸 적이 있다. '도대체 생각이 있는 거냐? 러시아라는 나라를 너무 쉽게 보고

온 것 아니냐?'라는 투로 자신이 가지고 있던 칼을 내게 건넸다.

대륙의 환경은 우리가 생각하지 못한 많은 이야기들을 가지고 있다. 오랜만에 느껴보는 옛 우리의 모습처럼 정겨운 마음이 가득해서 감동하는가 하면, 하룻밤 사이에 끔찍한 일을 당할 수 있는 곳이기도 하다. 그래서 러시아인들 대부분은 자신의 몸은 자신이 지켜야 한다는 생각을 가지고 있다. 다 보이는 곳에 칼을 차고 다니기도 한다. 큰길을 벗어나 시골이나 숲으로 들어가면 야생동물의 위험과 언제든지 마주할 수 있기 때문에 휴대하는데, 이것을 용맹하다고 하여 좋게 보고 나라에서도 장려한다. 사는 환경이 다르면 무기에 대한 시선의 차이도 이렇게 다르다.

아무르 시라소니의 품에서

축제 마지막 날 아침, 하바롭스크의 바이크클럽 '릐시 아무라(아무르강의 시라소니)'의 회장 이반과 인사를 나누었다. 점심시간 이후부터 축제 자리가 정리되었고 나는 블라고베셴스크라는 도시에서 온 바이커 부부와 함께 짝이 되어 하바롭스크 시내에 클럽이 있는 회장의 집에 도착했다. 대문에는 '벤츠 전문 정비소', 그리고 '바이크 클럽'임을 알리는 두 개의 간판이 있었다.

집 앞 널찍한 마당 끝에 있는 두 개의 컨테이너 박스는 여행자들

하바롭스크의 바이크클럽
릭시 아무라(Lynxes of Amur river)
에서 제공해준 숙소

의 숙소로 제공된다. 컨테이너 박스를 바라보고 왼편에 정비소가 있다. 정비소와 콘테이너 박스 사이에 화장실과 야외 샤워장이 붙어 있다. 그의 집과 여행자의 숙소 사이에는 작은 방갈로가 있었는데 이곳에는 식탁이 있고 간단하게 음식을 요리하거나 차를 마실 수 있는 재료와 기구들이 갖추어져 있다. 여행자들의 대화는 주로 이곳에서 이루어진다.

숙소로 제공된 자리의 침대에 앉았다. 소련시절부터 사용해오던 낡은 철제 침대의 스프링 늘어나는 소리가 귀를 자극한다. 이 소리가 나면 깊은 잠을 잘 수 없다는 것을 경험으로 알고 있었지만 나는 이 침대를 선택했다. 일곱 개의 침대가 콘테이너 박스 안을 가득 채우고 있어 짐을 놓을 만한 공간은 부족하다. 대륙을 횡단하는 것이 낭만을 의미하지는 않는다. 콘테이너 박스가 여행자에게 제공되는 숙소지만 춥고 삐그덕거리는 낡은 침대에서도 누구 하나 불평하지 않는다. 바이크 정비가 필요한지 물어오는 사람이 있었고 나는 공기압만 체크해달라고 도움을 요청했다.

움직일 때마다 삐거덕거리는 침대 위에서 하룻밤을 자고 일어나 아침마다 하는 일을 했다. 매일매일을 무사히 잘 감당할 수 있도록 이번 횡단을 시작하며 가져온 성경 한 구절 읽고 기도한 뒤 일기를 쓰기 시작했다. 또 다른 기록물을 남기기 위해 여행 중에 돈을 쓰고 받는 영수증을 정리하고 밖으로 나왔다. 순서를 기다려 충전이 필요한 기계를 방갈로에 있는 전기콘센트에 연결했다. 와이파이가 있는 곳에서 인터넷이 가능한 아이패드를 항상 먼저 충전한다. 블라고베셴스크에서 온 부부와 빵을 곁들여 차를 마시고 나자 릭시 아무라의 회장 이반이 나왔다.

차고를 털면 우주선도 만든다

러시아의 바이크클럽은 '릭시 아무라'처럼 콘테이너인 경우도 있지만 차고일 경우가 많다. 러시아인들에겐 3대 생활공간이 있는데 아파트, 가라지Garage라 부르는 차고, 여름별장을 가리키는 '다챠', 이 세 가지다. 대규모 아파트 단지가 마을을 이루고, 마을을 지나 깊지 않은 숲에 다챠촌이 있다. 다챠는 강변을 따라 지어진 나무집으로 짧은 여름 동안 자연 속에 머물며 농사도 짓고 휴식도 하고 이웃과 교류하며 지낸다.

사회주의의 비효율성으로 소련은 몰락했지만 국민들이 굶어 죽지 않은 이유는 다챠 덕분이라는 말도 있다. 소련이 사회주의 국가였지만 다챠에서 기른 감자 같은 농작물은 개인 소유로 허용했기 때문에 어려운 상황에서도 먹을 것은 있었다는 것이다. 다챠는 원래 전기나 수도가 없어서 등불을 밝히고 강물을 끌어다가 사용했는데 지금은 전기시설이며 수도시설이 잘 갖춰진 곳도 굉장히 많다.

차고촌은 마을과 다챠촌 사이에 있다. 혹은 아파트 단지마다 외곽에 촌을 이루고 있다. 차고는 다챠에서 생산한 농작물을 저장하기도 하고 집에서 쓰는 큰 물건들을 보관하기도 한다. 그런데 여기엔 자동차부터 시작해서 없는 게 없다. 러시아인의 차고를 털면 우주선을 만들 수 있다는 말이 괜히 나온 게 아니다. 자동차도 바이크도 다른 기계들도 뭐든 고치고 정비해서 쓰는 게 일상인 사람들이 많아서, 나도 그들의 도움을 여러 번 받았다. 치타에서 만난 제냐의 차고는 지하 2층까지 있었다. 웬만한 폭탄이 떨어져도 거뜬하다고 그는 말한다.

러시아 횡단도로가 만들어지면서 가격 경쟁력을 가진 다국적 자

시베리아를 횡단해 영국까지 도착하는 것이 목표인 호주에서 온 바이커들

간다고 하니 묘한 동질감이 느껴진다. 여우가 죽을 때 자기가 살던 굴 쪽으로 머리를 두고 죽는다는 수구초심(首丘初心)이 떠오른다.

나는 페이스북의 메신저를 열어 패트릭이 1,000km 앞에 있는 '스코보로디노' 부근을 달리고 있다는 사실을 그들에게 알려주었다. 자신과 같은 국적의 여행자가 시베리아라는 공간에 함께 있다는 것에 대해 반가워하는 표정을 보인다. 이들도 패트릭처럼 '야쿠츠크'를 거쳐 '마가단'까지 갔다가 되돌아 나오는 이동경로를 계획하고 있다고 했다.

호주 여행자가 가는 곳

패트릭이 머무르고 있는 '네베르'는 스코보로디노에서 북쪽의 야쿠츠크로 이어지는 레나 연방고속도로(A360)가 시작되는 교차로가 있는 곳이다. 네베르에서 마가단까지의 거리는 3,100km. 야쿠츠크는 사하 자치공화국의 수도로 한겨울엔 세계에서 가장 추운 곳으로 기록되는데, 영하 70도 안팎의 무시무시한 혹한 가운데서도 삶은 이어진다.

여름에 이 길을 간다면 모기떼와 야생동물들 그리고 질퍽거리는 땅과 범람한 강물과 만날 준비를 해야 한다. 야쿠츠크에서 마가단까지의 2,000km는 '뼈의 길(P504, 콜리마대로)'이라고 부른다. 소비에트 시대 스탈린 시절 강제수용소에 있던 포로들이나 정치범들을 동원

해서 닦은 길이다. 이 길을 만드는 과정에서 많은 사람들이 죽었는데, 이들의 시신을 그대로 질퍽거리는 땅에 묻고 그 위에 길을 내었다. 이런 역사적 이야기에 관심이 있거나 모험을 좋아하는 여행자들은 이 구간을 선호한다.

요즘 '뼈의 길'은 모터바이크로 시베리아를 횡단하려는 국내의 여

●
2017년까지는 M56으로 불리었던 A360, 레나 연방고속도로

행자들에게도 알려져 있다. 하지만 어디서나 이러한 정보를 빠르게
접하는 사람들은 대체로 영어권 국가의 사람들이다. 수많은 경험이
축적된 지구의 자료들이 없는 게 없다. 영어를 쓰는 나라들이 많아
서이기도 하지만 자국민에게 더 방대한 자료와 더 깊은 정보를 제
공하기 위한 아카이브가 나라마다 잘 구축되어 있다는 느낌이다.

　하지만 서구의 여행자들에게 자주 감탄하는 건 이러한 정보를 머
릿속 지식으로만 가지고 있지 않고 자신의 눈으로 직접 살피고 몸
으로 그곳을 체험하기 위해서 위험을 무릅쓰고 지구의 오지까지 달
려간다는 점이다. 내가 만난 세 명의 호주 여행자들은 모두가 만만
치 않은 야생의 땅으로 가고자 했다.

어느 시대에나 받아들여지는 창의적이고 경쟁력이 있는 이야기는 안주와 익숙함의 틀을 벗어난 곳에서 자신의 한계와 만나면서 만들어진다고 나는 확신한다. 우리가 대륙의 북방유전자를 잠재력으로 가지고 있는 것처럼, 이들도 도전과 개척의 키워드를 자신의 몸과 영혼에 가지고 있는 것이 느껴진다.

여행자 경계 1순위

호주 여행자들이 출발하는 것을 보고서 나도 클럽 밖으로 나왔다. 극동연방대학교 건너편에 사냥용품 전문점이 있다. 내가 이 가게를 찾은 이유는 당장 사이드 가드를 마련할 길이 없으니 짐을 더 단단히 고정할 수 있는 끈이 필요했기 때문이다. 가게 안에는 11개의 시차와 180개 이상의 민족으로 이루어진 대륙의 환경을 감당할 수 있는 다양한 아웃도어 용품들이 넓은 공간을 채우고 있다. 상품 하나하나에 시선을 떼기 어려웠다. 보는 것만으로도 신기하고 재미있는 곳이다.

특히 다양한 무기들이 진열된 코너는 그냥 지나가기가 무척 힘들다. 개인적인 취향이라기보다는 내 자신을 지키고 싶은 본능에서 계속 갈등하게 된다. 최종적으로 가스총과 칼을 만져보다가 모두 내려놓았다. 눈에 들어오는 물건들을 사진과 영상으로 촬영하고 바르는 모기약과 철사가 들어가 있는 밧줄만을 구입하고 밖으로 나왔다.

1996년, 20대였던 나도 모터바이크로 러시아를 횡단하려 했을 때 많은 고민을 했지만 결국 나는 맨몸으로 출발했다. 대신 나는 낯선 땅에서 누군가와 갈등이 생겨 다툼의 여지가 될 수 있는 그 모든 것들을 삼가기로 했다.

여행자가 경계해야 할 1순위는 언제나 술과 밤 문화이다. 대부분의 오해와 갈등, 싸움의 원인이 여기서 시작되는데 서로 긴장을 하지 않아서 나는 사고다. 술에 취해 커뮤니케이션이 원활치 않아 오해가 생길 수도 있고 기분을 내다가 말과 행동에서 선을 넘을 수도 있다. 누구 잘잘못을 가리는 것이 의미 없는 건, 어떤 다툼이든 외국인은 무조건 불리하기 때문이다. 그건 경찰이 나타나도 마찬가지다. 그냥 그런 일이 생기지 않게 애초에 조심하는 것이 최선이다.

오랜 시간 동안 광활한 대륙을 홀로 횡단하는 것은 정말 쉽지가 않은 일이다. 어쩌면 거친 자연환경이나 끝없는 길을 달리는 고단함보다 자기 절제를 포함한 자기관리를 여행 끝까지 유지하는 것이 더 어려울 수도 있다. 사건 사고는 순간에 점화되고 자칫 잘못하면 오랜 시간 어렵게 준비해온 여행이 물거품이 될 수 있다. 자기 절제의 힘이 있어야 여행은 안전하게 끝이 난다.

시장의 위로

나는 길을 따라 걸으며 낯선 도시를 구성하고 있는 것들을 자세히 관찰하며 기록하는 습관이 있다. 길을 자료화하는 과정 안에 들어 있는 그 지역 사람들의 생활상을 간접적으로 들여다볼 수 있기 때문이다. 시장은 그런 의미에서 내겐 가장 흥미로운 대상이다. 특히 하바롭스크 중심에 있는 중앙시장은 그냥 지나칠 수 없다.

하바롭스크 중앙시장은 도시 가운데 위치하고 있으며 가장 규모가 큰 곳이다. 1995년 내가 이 도시와 처음 만났을 때도 이 공간은 여행자의 낯섦과 배고픔을 쉽게 위로해주었다. 그 허기는 진짜 배고픔보다 어쩌면 다른 곳에 있었다는 생각이 든다. 자신의 청춘을 어디에 바쳐야 할지 아직 찾지 못한 탐색의 20대였다. 가진 것 없이 미지의 낯선 땅에 도착했던 불안한 청년은 시장 안에서 자라다시피한 어린 시절 덕분에, 걷다 보면 아는 사람이라도 만날 것 같고 조금 낯설고 이상한 향신료 냄새에도 곧 익숙해졌다. 시장을 좋아하는 나는 시장을 만나면 뭔가 따뜻한 품에 안기는 기분이 든다. 하루하루 나의 한계와 싸워야 하는 시간 속에서 잠시 살짝 긴장을 풀 수 있는 곳이다.

1991년, 소련의 해체 이후 저렴한 가격으로 생필품 시장에 영향력을 끼쳐온 중국인들의 공간은 존재감이 크다. 과일과 향신료를 내밀고 있는 중앙 아시아인들과 정육과 유류 제품을 취급하는 러시아인이 시장의 중심을 차지하고 있다. 시장의 한편에 야채를 파는 사람들이 있다. 나이가 든 러시아인들이 대부분이다. 감자와 오이와 토마토와 채소류를 자그마한 상자 위에 올려놓고 있다. 나는 주로 이들에게서 물건을 구입한다. 시골이나 여름별장 '다챠'에서 기른 농작물에 러시아인들은 농약을 잘 치지 않는다.

시장 안 건물 2층에 있는 아르메니안 식당에서 점심으로 빵과 샐러드와 피로시키(고기, 채소, 소시지가 들어 있는 빵)와 감자튀김을 사서 뜨거운 차 한잔과 함께 먹었다. 저녁식사로 먹을 음식을 조금 사고 꽃씨와 지도도 구입했다. 우체국에 가서 부피가 크고 실용적이지 못한 옷을 한국으로 보내고 클럽으로 돌아왔다.

저녁에는 서쪽을 목표로 서로 다른 지역에서 온 바이크 여행자들이 클럽 안으로 들어왔다. 늦은 밤부터 비가 내리고 있다. 여름이 가까워져 오면 러시아인에게 새겨져 있는 여행 유전자가 깨어난다. 클럽을 거쳐 가는 여행자들이 많아진다.

따뜻한 사람들

하바롭스크를 떠나려고 짐을 바이크 위에 싣고 고정하는데 한 시간이 넘게 걸렸다. 어떤 내용물이 어디에 있는지 한눈에 알아보면서도 각각의 물건들을 꺼내기 쉽게 싸고, 한편으로는 짐들을 단단하게 행의 목적이 시베리아를 거쳐 암스테르담까지 가면서 유라시아 대륙횡단도로에 대한 자료를 구축하는 것이라는 걸 알고 있었다. 그들은 내가 가는 길의 일정 구간을 함께 라이딩하자고 제안했다.

그런데 내가 가다 서다를 반복하면서 기록하고 사진촬영을 하게 되니까 서로 속도를 맞출 수 없었다. 이들은 앞서가다가 어느 곳에선가 멈추어서 나를 하염없이 기다리기를 반복했다. 헬멧을 벗어들며 미안한 표정을 짓는 내게 결국 막심은 염려의 표정을 드러냈다. 그리고 농담 섞어 걱정을 우회적으로 드러냈다.

"킴! 너 이렇게 달리다가는 평생 러시아 길을 벗어날 수 없을걸."

길에서 상심하고 의심하다

야영 장소를 찾기 위해 우리는 아무르 연방고속도로(P297)를 벗어났다. 잡목 숲 사이로 난 길로 들어서자마자 울퉁불퉁한 흙길이 시작되었다. 작은 물웅덩이를 몇 개 건너고 다시 길 전체를 가로막고 있는 커다란 물웅덩이와 만났다. 막심의 모터바이크가 멈추고 나탈랴가 내렸다. 그녀는 물웅덩이 가장자리를 선택해서 거침없이 물속으로 걸어 들어갔다. 나탈랴의 모습과 말소리를 통해 물 깊이와 바닥의 상태를 파악한 막심의 바이크가 바로 움직이기 시작했다. 그의 군화가 물속에 잠겼고 모터바이크가 한 번 비틀거린 다음에야

웅덩이 밖으로 빠져나왔다.

이번에는 내 차례였다. 기어가 낮은 상태로 서서히 움직이면서 발판을 딛고 몸을 일으켜 세웠다. 허벅지에 힘을 주고 종아리까지 모터바이크의 양쪽 면에 힘껏 밀착시켰다. 이 순간부터는 액셀을 당기는 오른손에 신경이 집중된다. 나는 막심이 비틀거리며 지나간 자리를 피해 반대편 가장자리를 선택했다. 웅덩이 속으로 들어서자마자 발목이 물에 잠겼고 신발 안으로 물이 들어오기 시작했다. 앞바퀴에서 튀어 오른 흙탕물이 가슴까지 적셨다.

우리는 계속해서 앞으로 달렸다. 나는 달리는 바이크 위에서 적당한 공터가 나타나면 거기서 야영을 하겠지 하고 기대했다. 그러나 막심은 공터를 지나 무릎 높이로 솟아 있는 평원의 풀밭 안으로 들어섰다. 그는 드넓은 평원의 오른편으로 향했다. 나는 그의 뒤를 따라가기 시작했다. 평원이라고 하지만 평평하지 않았다. 그냥 볼 땐 부드러운 풀밭 같지만 저지대 습지여서 밟으면 질퍽질퍽하다. 짐을 실은 내 바이크는 200kg인데 연한 풀들이 바퀴에 엉켜서 기어봉이 휘어져버렸다.

'세상에… 풀이 쇠를 휘게 했다.'

앞으로 나가지 못하던 바이크는 왼손에 쥐고 있던 클러치를 놓자마자 시동이 꺼져버렸다. 바이크에서 내려 핸들을 잡고 있던 손을 완전히 놓았는데도 바이크는 넘어지지 않았다. 진흙과 풀에게 모터바이크가 완전히 붙잡혀버렸다. 풀에 휘어진 기어봉이 내 손 안에서

결국 진흙탕 길에서 되돌아 나와 마른 풀밭 길을 찾아냈다. 이곳도 곳곳에 깊은
홈이 패여 있는 길이었다. 이동이 멈추는 순간 모기와 쇠파리떼의 집요한 공격이
시작된다.

는 꿈쩍도 하지 않았다. 도구를 사용해서 심하게 힘을 주게 되면 부러져버릴 것 같아 그대로 놓아두었다.

나는 신경질적인 목소리로 나보다 앞에 있는 진흙탕에 빠져 움직이지 못하고 있는 막심을 불렀다. "우리 지금 어디로 가고 있는 거야?" 내가 묻자 그는 자신의 팔을 들어 올려 손끝으로 저 멀리의 잡목 숲을 가르켰다. 나는 화가 났다.

"너는 러시아 사람이고 정비능력도 있지만, 나는 암스테르담까지

사람의 눈으로부터 멀리 떨어져야만 하는 시베리아 평원에서의 야영, 자연에 가까워질수록 모기와 쇠파리떼의 공격은 집요해진다. 연기를 의식하면서 마른 나뭇가지로 모닥불을 피웠다.

가야 하는데 이렇게 혹독하게 바이크를 다루면 난 어떡하라고 이러는 거야? 왜 이리 깊이 들어가?"

"단 하나야. 시골 사람들 눈에 띄면 안 돼!"

"그게 무슨 소리야? 나는 더 못 가!" 소리를 냅다 질렀다.

"러시아 시골은 정말로 위험해. 특히 야영할 때 사람들의 눈에 띄여서는 절대 안 돼."

계속 같은 소리만 했다. 사람이라고는 보이지 않는 평원의 한가운데서 야생동물이 아닌 사람을 조심해야 한다는 말만 반복되자, 나는 이제 막심이 자길 조심하라고 말하는 것처럼 들렸다. 순간 '아니 이 자식이 나를 아무도 없는 깊은 곳으로 데리고 가서 무슨 짓을 하려는 거 아냐?' 이런 생각이 들기도 했었으니까. 그래도 그는 계속 들어갔다. 그들은 곰처럼 한 번 결정하고 목표가 생기면 그냥 앞만 보고 달린다.

수렁에 빠진 모터바이크를 빼내기 위해 짐을 고정하고 있는 끈들을 풀어버리고 각자 짐을 들어 초원 입구로 옮겼다. 모터바이크와 짐 더미가 다시 한 곳에 모였을 때는 이미 날이 어두워지기 시작했다. 선택의 여지가 없었다. 오늘은 이곳이 우리의 야영지다. 우리는 짐을 그대로 둔 채 모터바이크를 타고 초원의 왼편을 향해 달리기 시작했다. 도저히 앞으로 갈 수 없을 것 같은 울퉁불퉁한 풀밭을 뚫어지듯이 바라보면서 마른 땅을 찾아 기어 나아갔다. 결국 사람의 눈에 드러나지 않을 만한 잡목 숲과 평원의 경계에 텐트를 세웠다.

모터바이크의 휘어진 기어봉이 힘센 막심의 손에서 원상복구되었다.

불만과 불안으로 잃어버린 것

풀 속으로부터 무엇인가가 눈에 들어왔다. 발목까지 올라오는 흙더미들이었다. 자세히 보니 불개미들의 집이었다. 깜짝 놀라 옆으로 비켜섰다. 앵앵거리는 소리에 머리를 들어보니 초파리떼들이 눈 안으로 파고들 기세로 몰려들었다. 모기와 파리떼의 합동 공격이 시작됐다. 시베리아 평원의 야영지, 질퍽거리는 습지를 거쳐 사람들의 눈에 띄지 않는 곳에 자리를 잡았지만 쇠파리와 초파리, 모기와 파리떼들로부터는 숨을 곳이 없었다. 특히 맞아 죽어가면서도 달려드는 쇠파리떼의 집요함은 말로 표현하기 힘들 정도이다. 나는 이 벌레가 쇠파리라는 것을 알기까지 많은 시간이 걸렸다. 우리에게는 쇠파리, 대륙에서는 쇠파리, 말파리Horsefly, 순록파리라고도 부르는 이 벌레의 이름을 알기까지 시베리아 평원에서 물리고 뜯기고, 빨리고, 부어오르고, 살이 곪도록 괴롭힘을 당했다.

나는 '모터바이크를 부서뜨려 가면서까지 겨우 이런 잡목 숲에서 야영해야 하나' 싶어서 화가 덜 풀린 목소리를 이어갔다. 막심은 사람의 눈에 띄지 않기 위해서라고 말했다. 아니 도대체 누가 벌레뿐인 이 풀밭에 들어온다는 말인가? 설령 사람들의 눈에 띄인다 해도 그게 어떻다는 것이냐는 표정을 지었다. 나에게는 1996년에 러시아를 횡단하면서 만났던 시골 사람들의 따뜻한 모습이 여전히 기억에 생생했기 때문이다.

집요한 벌레들의 공격을 도무지 견디기 힘들다고 하소연을 하니 막심은 걱정 어린 표정으로 현재 러시아의 시골이 무척 위험하다고 했다. 연기가 나는 모닥불을 만드는 것은 '여기에 사람이 있소'라고 광고하는 것이나 마찬가지라고 했다. 벌레가 많으니까 밤에 모닥불을 피우긴 해야 하는데, 그래서 모닥불이 보이지 않을 깊은 숲에 있는 야영지를 찾아야 한다고 했다.

다음 날, 나는 아무르주를 넘어 자바이칼 지방에 들어섰다. '쟌나Zhanna'라는 이름을 가진 마을의 외곽에 서 있는 추모비 앞에서 막심의 말을 이해하게 되었다. 몇 년 전부터 러시아의 시골 지역에서 여행자들이 살해당하는 일이 종종 발생했다. '진정한 러시아는 시골에 있다', '시골은 러시아다움을 상징하는 곳이다'라는 말이 있지만 그 말이 무색해지고 있다.

러시아인의 평균 수입은 600달러 정도. 시베리아 같은 시골에 사는 사람들의 한 달 벌이는 약 40달러, 우리 돈으로 5만 원도 되지 않는다. 일자리가 거의 없는 시골의 가난한 사람들이 접할 수 있는 것은 오직 자국에서 생산되는 빵(흘렙)과 감자와 보드카 정도였다. 여기에 불만과 불안, 좌절감이 섞여 무기를 휴대할 수 있는 이들에게 참극이 빚어지기도 한다. 대체로 바이크를 미치도록 좋아하는 자료수집과 기록을 위해서만 사용하고 다른 일에서는 디지털 장비를 거의 내려놓는다. 그리고 아주 가끔 헬멧도 내려놓는다. 빛의 속도로 달려가던 러시아의 바이커가 내게로 다가왔다.

"바이크 체인이 좀⋯."

경계인의 밤

막심과 나탈랴가 다음 날 아침 오겠다고 돌아간 후 텐트에 누워 잠을 청했다. 몸이 무겁고 피곤하면 등을 붙이자마자 잠이 드는 게 보통인데 그날은 쉽게 잠들지 못했다. 잘 자야 다음 날 라이딩에 지장이 없는데 억지로 눈을 감을수록 의식이 또렷해졌다.

나는 한국에서는 사람을 좋아했고 자연을 좋아했다. 대학에 입학했을 때 민주화운동이 절정기였는데, 선배들을 따라다니면서도 내 운동에는 그렇게 거창한 이념이나 대의명분이 없었다. 그저 약하고 어려운 사람을 돕는다는 생각으로 했다. 힘들고 어려운 사람들을 생각하는 대통령을 내 손으로 뽑겠다는 생각이 전부였다. 나도 어려운 환경이었지만 나보다 어려운 사람에겐 가진 것을 털어 밥을 사며 나부터 그렇게 살려고 했다.

그리고 자연을 좋아했다. 방학이면 나보다 자연을 더 좋아하는 사람은 없을 것이라며 호기롭게 지리산 중턱에 올라가서 몇날 며칠

지내면서 산을 오르락내리락하기도 했다. 무서운 것도 몰랐고 힘이 들지도 않았다. 한창 혈기왕성한 나이였지만 지금도 사람을 좋아하고 자연을 좋아하는 것은 변함이 없다.

그런데 시베리아에 와서 이런 마음에 허무하게 구멍이 뚫리고 있었다. 자연을 그렇게 좋아한다고 했지만 시베리아의 대자연에서 덩그러니 홀로 마주한 밤은 온통 두려움뿐이다. 어디서도 본 적이 없는 완벽한 어둠, 무엇이 나타날지 예측할 수 없고 도움받을 수 없는 고립된 야생에서 텐트 하나로 내 몸을 보호하고 있다. 이 두려움이 싫어 자연을 벗어나 마을로 가볼까 하는 생각이 들어도 그러면 사람이 또 무섭다. 홀로 이곳에 온 이방인 나그네에게 어떤 마음일지 가늠이 안 돼서 가까이 다가갈 수 없다. 사람을 그렇게 좋아했는데 사람을 믿지 못하는 지경이 되었다.

나는 학연, 지연, 혈연이 없는 이 황량한 대륙에 떨어지니까 깊은 야생으로 들어가는 것도 두렵고 마을로 가는 것도 두려웠다. 숲으로도 못 가고 마을로도 못 가고 경계에 서서 안절부절못하는 초라한 내 모습을 바라보며 '나는 이런 사람이다'라고 확신했던 그 모든 것이 한순간 꺼져버렸다. 한 오라기의 자만도 오만도 남아 있지 않았다. 아무리 포장해서 근사하게 보이고 싶은 마음이 있어도 현실의 나는 도무지 그런 모습이 아니었다. 완전하게 아무것도 아닌 나를 자각하는 시간은 고통스러웠다. 그러나 그 고통의 시간을 추스르는 데는 오랜 시간이 걸리지 않았다.

약한 존재에게
배우는 지혜

시베리아의 백합화

아침 일찍 텐트의 지퍼를 열자 어디서 아주 향기로운 냄새가 났다. 두리번거리며 돌아보니 몇 걸음 떨어진 데서 백합이 아름답게 피어 있었다. 어제는 풀에 엉킨 200kg 바이크를 진흙탕에서 빼내느라 진이 빠지고 어둑해져서 잘 몰랐는데, 시베리아에서 백합화를 보게 될 줄이야…. 우리나라에서도 야외에 있는 백합이나 튤립 같은 구근류 꽃은 가을에 뿌리를 캐서 겨울 동안 얼지 않게 잘 보관해두었다가 봄에 땅이 녹으면 다시 심는 걸로 알고 있다.

그런데 이 혹독한 추위의 시베리아에서 어떤 누구의 돌봄도 없이

단 5분도 제자리에 멈추어 있기
힘든 혹독한 환경의 시베리아에서
그 존재만으로도 경외감을 느낄
수 있다. 존재하고 꽃 필 수 있게
하는 감동은 어디로부터 나오는가.

이 연약한 꽃이 핀다는 것은 믿을 수가 없었다. 나는 백합화보다 크
고 강한 사람인데 단 5분도 진흙탕과 온갖 벌레떼를 견디지 못하고
어쩔 줄 몰라한다. 백합화의 강함과 나의 강함은 비교할 수 없는데
이토록 약한 존재가 이런 혹독한 환경에서 죽지 않고 살아 있다는
게 너무나 기특하고 대견했다. 더 아름다워 보였다. 나는 이렇게 돌
보지 않은 것들이 살아남아 있을 때 신의 존재를 생각하게 된다.

　나는 길에서 하루하루 한계에 부딪치며 오늘은 어디 가서 잘까,
어디에서 먹을까, 늘 염려와 걱정을 놓지 못하고 있다. 때로 꿈은 저
멀리 있고 하루하루 문제를 해결하는 데 급급하다 보면 '아니 내가

먹고 자는 것 걱정하려고 이곳에 왔나?' 하는 엄청난 자괴감에 빠진다. 그런 와중에 만난 기적과도 같은 백합화를 바라보며 신이 계신 걸 느꼈다. 신이 이 백합꽃을 돌보신다면 아무것도 없는 나와도 함께 계실 것이라 더욱 믿게 되었다.

백합화를 닮은 사람

며칠 후면 만나게 될 이르쿠츠크에서 2014년에 한 자비량 선교사를 만났다. 다른 사람에게 일체의 도움을 받지 않고, 사람들에게 꼭 필요한 쌀이나 식료품 같은 생필품을 팔면서 자기 삶에 필요한 최소한의 비용만 마련하고 있었다. 외국에서 외국인을 상대로 돈벌이를 하는 것은 고국이나 고향에서 하는 것보다 수 배의 어려움이 있다. 큰돈 없이 맨몸으로 일하면서 돈을 잘 벌기 힘들다. 그리고 외국에 나간 사람들은 목적의식이 분명한 경우가 대부분이다. 주변이나 타인에게 마음을 내줄 여유가 없다는 의미이기도 하다.

선교사는 이방인이면서도 근근이 번 돈으로 그곳에서 어려운 삶을 사는 현지인을 돕고 있었다. 그것이 신이 말하는 의로움이라고 한다면 거기에서 신을 본다. 선교의 목적이 있다고 해도 쉽지 않은 일이다. 오늘날 우리 종교의 모습을 생각하면 분명해진다. 내 이성적인 시각으론 삶으로 신이 함께 계심을 보여주는 사람이 참 신앙인이라 생각하는데, 그 선교사는 지금 여기 시베리아 야생에서 본 백합화처럼 강인하고 고결했던 사람이었다.

　나는 나보다 더 어려운 사람이 타인을 돕는 것을 보며 '그럼 나는? 나는 어떤가?'를 생각했다. 현실에서 나는 무기력하고 무능하다. 누가 주목해주는 삶도 아니고 함께 해주는 삶도 더욱 아닌데 길 위에 서서 매일매일 염려와 걱정을 한 게 25년이다. 누가 그러라고 등을 떠민 것도 아니니 원망도 투정도 가당치 않다는 것을 알고 있다. 그러나 생각하니 만약 내가 풍요롭고 안락한 환경에서 성장했다면, 어쩌면 내 삶을 고민 없이 흘러가는 대로 두고, 썩는지 무너지는지

● 대륙의 끝없는 길 위에서 '나'는 작아지고 어디론가 사라져간다.

알지 못하고 교만한 채로 살았을지도 모르겠다. 그래서 신은 나를 길 위에 세웠을지 모른다는 추측이 서서히 확신이 되어가고 있었다.

길 위의 삶은 학연, 혈연, 지연에서 벗어난 곳으로 멈출 수도 고일 수도 없다. 매일 바짝 깨어 있어야 했고 그저 죽지 않고 살아서 하고자 하는 일을 끝까지 마칠 수 있게 도와달라고 기도하는 일밖에 다른 방법이 없었다. 결국 이 길을 나와 함께했던 건 친구도, 운동권도, 체호프도 아니었다. 특히 아무도 없는 곳, 끝없는 길 위에서 나의 무기력과 부족함을 반복적으로 확인하면서, 정말 나 혼자였다면 나는 일찌감치 바이크를 돌려 모든 것을 포기했을지도 모른다. 나 혼자 감당할 수 없으니 신을 붙잡게 되었다. 대단하게 생각했던 교만한 나는 점점 작아져 어디론가 사라졌다.

80km를 걷는 남자

가장 연약한 존재가 준 위로는 대단했다. 어제 죽은 이가 그토록 살고 싶어 했던 오늘을 나는 여행자로서 어떻게 살아야 하나 생각했다. 대륙에서 나그네는 힘이 없는 사람이고 무기력한 사람이지만, 그렇다고 힘없이 이것으로 여기서 끝낼 것인가. 여행자라 해서 매일 무기력하게 도움만 구하며 살 수 없다. 여기서 내가 할 수 있는 일을 찾아보자고 생각했다.

는 작은 도시이다.

1996년 당시 이 700km 구간은 인적이 드물며 질퍽거리는 저지대 습지와 거친 자갈길로 이루어진 산길을 번갈아 달려야 했다. 저지대는 풀과 홍수 등으로 인해 도로 구간이 사라져버린 곳도 많았다. 나는 바이크를 타고 가다가 수렁이나 습지가 나오면 바이크를 어깨에 지고 걸어서 통과했다. 그런데 이 지옥의 구간이 최근에 만

블라디보스토크에서 모스크바를 지나가는 1만 km의 러시아 횡단 연방고속도로가 완성되었음을 알리는 조형물(Stella 'Moscow-Vladivostok')이 아무르주의 노보부레이스키(Novobureiskii) 마을 외곽에 세워져 있다. 노보부레이스키 마을은 유대인 자치주와 아무르주의 경계로부터 124km 거리에 위치하고 있다. 마을 북쪽으로 77km 지점에 극동 최대의 수력발전소가 있다.

들어진 도로로 높은 언덕과 산의 정상을 연결하여 현재는 그토록 열악했던 길에서 가장 좋은 길이 되었다.

시베리아는 저지대 습지의 지형이다. 여름의 빈번한 홍수와 겨울의 혹한으로 인해 도로의 건설과 유지가 힘든 환경이다. 그러나 드디어 2010년 러시아를 동서로 잇는 세계에서 가장 긴 대륙횡단도로가 완성되었다.

연방도로의 드라마틱한 변화들

현재 러시아 연방고속도로의 포장률은 갈수록 높아져서 90% 안팎에 이른다. 45억 이상의 인구와 많은 지하자원을 가진 유라시아 대륙을 잇는 도로의 전 구간 가운데, 러시아 횡단도로는 전체 구간에서 70~80%에 해당할 정도로 많은 비중을 차지하고 있다. 이 도로의 완성으로 대륙과 연결되어 있는 우리는 철도와는 다른 또 하나의 경쟁력 있는 물류의 가능성을 가지게 되었다.

이 길을 따라 물자를 실은 대형 화물트럭들이 길 위의 주인공이 되었다. 차량들은 두 명의 운전사들이 같은 차에 탑승하여 교대로 운전하기도 하며 하루 1,000km 이상의 거리를 목표로 이동한다. 자동차의 특성상 길이 난 곳이라면 비포장도로도 갈 수 있으니 지역 곳곳의 모세혈관과 같은 도로까지 활성화시킨다.

차량의 이동이 빈번해지고 있는 가운데 주유소도 대형 복합공간으로 탈바꿈하고 있다. 현재까지 러시아 연방도로상의 주유소를 먹여 살리는 건 트럭이다. 승용차에는 주입할 수 있는 기름의 양도 적고 여행자들도 아직 별로 없다. 러시아의 모든 주유소는 대형 트럭을 단골로 잡는 것이 첫 번째 목표다. 대형 트럭운전자를 위한 편의시설을 만들어가고 있다. 주차경비요원이 지키는 안전한 대형 주차장과 정비소, 맛있는 식당, 샤워 시설과 세탁 시설까지 잘 갖춰진 모텔까지 확장시켜 나간다. 트럭 안에 잠자는 곳이 있기 때문에 시베리아에선 이 트럭을 세워놓고 안전하게 잘 수 있는 보안요원이 있는 주차장을 선호한다.

도로를 통한 물류의 이동이 늘어나면서 화물트럭은 그 유명한 러시아 경찰들의 검문 대상이 되고 있다. 검문에 걸린 운전자들은 하루의 일당을 날릴 수 있어서 조마조마하다. 그런데 러시아에서는 모터바이커와 트럭운전사들은 비교적 친밀한 관계이다. 마주칠 때마다 내가 달려가야 할 길에 대한 정보(숙소와 주유소 등), 특히 앞에서 이루어지고 있는 검문 상황에 대해서는 마주 오는 운전자에게 전조등으로 표시해서 공유한다.

러시아 횡단도로의 완성으로 유라시아 대륙이 연결되고 이로 인해 물자의 이동뿐만 아니라 다양한 목적을 가진 사람들이 길 위에 모여들기 시작했다. 시장의 흐름이 길에서 뚜렷하게 일어나고 있고 이 흐름은 곧 대세가 되리라 본다. 이 길의 변화를 계속 주시해온 나로서는 러시아 횡단도로의 완성이 남북 간의 막힌 구간을 연결하는데도 어쩌면 크게 이바지할 수 있을 것이란 믿음이 생긴다.

중국인 청년의 주유소

2019년 대륙횡단을 하면서 가장 인상 깊었던 부분은 중국인 청년이 러시아 횡단 연방도로 상에서 주유소를 경영하는 것이었다. 치타로부터 200km 거리의 탄가Tanga라는 마을 외곽 도로변에 있는데, 중국인이 러시아에서 주유소를 운영한다는 것이 처음엔 놀라웠다.

예전에 러시아는 건물은 살 수 있었지만 땅은 상속이 인정되는 일정 기간 동안의 임대만 가능했다. 그런데 몇 년 전부터 군사지역이나 국가에서 보호하는 시설이 아니면 외국인도 땅을 살 수 있다. 중국인이 땅과 건물을 사서 주유소를 경영하는 일이 쉽지 않았을 텐데 알고 보니 러시아인 부인의 이름으로 운영하고 있었다. 이 친구도 시장의 흐름을 보고 이곳에 와서 주유소를 경영하는 것이었다.

내가 대륙에서 만났던 중국인들이 하나 같이 하는 말은 "시베리아는 원래 우리 거야"이다. 중국인들이 그렇게 말하는 근거는 러시아와 국경분쟁으로 청나라 영토가 야금야금 러시아로 귀속된 조약들에 있다. 중국의 역사 교육 안에 이 부분들이 들어 있다. 러시아는 우리가 힘이 약할 때마다 호시탐탐 땅을 빼앗아갔다고 생각하고 있고 청년들은 분노한다.

그도 그럴 것이 중국은 네르친스크 조약으로 스타노보이Stanovoy 산맥을 경계로 하는 자바이칼 지방을 잃었고, 아이훈 조약으로 아무르 지역을 잃었다. 베이징 조약으로는 하바롭스크부터 블라디보스토크까지의 연해주 지방이 러시아 땅이 되고, 카흐타 조약으로 부랴티야 공화국(수도 울란우데)까지 러시아 땅으로 귀속되었다.

러시아도 중국에 불만이 있다. 러시아 내에서 중국의 영향력도 점점 높아지고 있지만 많은 도로나 인프라 사업의 부실 공사가 늘고 있고, 일자리가 있는 모든 곳에 중국인들을 고용하기 때문에 러시아의 고용 창출이 안 된다고 불만을 가지고 있다. 유럽에서도 독일 자본을 중심으로 유라시아 시장 진출에 높은 관심을 가지고 있는데, 이 모든 뜨거운 변화는 러시아 연방도로의 완성에서 출발한다.

총리의 어드벤처

2010년 시베리아를 횡단하는 러시아 연방고속도로가 완공되었다. 당시 2012년 대선을 준비하고 있던 푸틴 총리는 국민의 고충을 현장에서 듣는다는 취지로 러시아 횡단도로에서 가장 열악한 구간이었던 P297, 아무르 연방고속도로를 달리는 퍼포먼스를 계획했다. 치타에서 하바롭스크에 이르는 2,165km의 아무르 고속도로를 8월

27일부터 4일 동안 러시아 국민차 '라다 칼리나LADA Kalina'를 타고 달렸다.

푸틴 총리는 따뜻한 차를 수시로 마실 수 있는 보온병을 챙기고 차 안에서 잠시 휴식을 취할 수 있는 담요와 베개도 준비했다. 러시아 가수들의 노래와 비틀즈의 히트곡도 그의 여정을 함께했다. 거기다가 총리의 연방고속도로 횡단에는 수많은 차량들이 뒤따랐다. 검은색 SUV차량과 봉고차와 버스 안에는 중무장한 경호원들이 타고 있었다. 총리를 보호하기 위해 같은 색깔의 '라다 칼리나'의 수를 늘려 일정한 간격을 유지한 상태로 다른 수십 대의 차량과 함께 섞여서 달렸다.

2010년 푸틴 총리가 P297, 아무르 연방고속도로(치타—하바롭스크)를 달린 뒤 러시아를 횡단하는 도로(모스크바—블라디보스토크)가 완성되었음을 발표했다.
(사진출처: Kremlin.ru)

그는 길 위에서 만나는 다양한 사람들의 소리를 청취했다. 러시아 도로에서 변화를 만들어나가는 주체인 대형 화물트럭 운전사들은 푸틴 총리에게 러시아에서 생산되는 대형 화물차 '카마스'에 대한 불만을 토로했다. 러

●
기념 표지판에는 '이곳이 P297, 아무르 연방고속도로가 시작되는 0km지점입니다'라는 내용이 새겨져 있다.

시아 차를 애용하고 싶지만 비싸고 냉장고 같은 편의시설도 부족하다고 말했다. 러시아 지도자로서 그의 여정은 듣는 것만으로도 낙후지역 주민들을 위로하는 효과를 주었다.

그리고 이 여정이 끝난 후 블라디보스토크에서 모스크바를 지나 국경에 이르는 1만여 km의 러시아 횡단 연방도로가 완성되었음을 공식 발표했다. 2010년 9월 24일 하바롭스크시 도심의 중앙에 위치한 레닌 광장에서 P297, 아무르 연방고속도로가 개통되었음을 기념하는 행사가 열렸다. 행사가 있던 곳에 기념 표지석이 제작되어 바닥에 고정되어 있다.

아무르주의 노보부레이스키 마을 외곽에는 블라디보스토크-모스크바 간 러시아 횡단 연방도로의 완성을 알리는 조형물이 세워져 있다.

풍요로움을 상징한다. 사샤
는 '모스크바는 시베리아의
모든 자원을 가져다가 풍요
를 누리는데 정작 시베리아
사람들은 자원을 내어주고
도 일자리와 돈이 없다'고
주장했다.

길 위 혹은 광야에서 외
치는 샤먼의 소리는 시베리
아 구간에서 호응도가 상당
이 높았다. 나와 그가 만난
곳에서는 도로공사가 이루

길 위에서 이루어진 탐험가와 무당의 토론

어지고 있어 인부들이 자연스럽게 몰려들었다. 사샤의 말을 들으며
사람들은 웃기만 하거나 사진을 찍으며 웃었다. 비정치적인 성향이
거나 정부로부터 월급 받는 일을 하고 있다면 소극적인 의사표현밖
에 할 수 없지만 그들 모두 사샤의 말에 동조하고 있는 듯했다.

사람들이 사샤를 보러 모여들고 사진을 찍는 가운데 나는 그에게
말했다. '나는 분단국가인 한국에서 왔으며 유라시아 대륙의 길에
대한 자료를 만드는 사람이다. 그리고 아시아와 유럽이 하나가 될
수 있도록 러시아 횡단도로를 완공해준 이 나라의 대통령에게 나는
호감을 갖지 않을 수 없다. 이런 일을 하는 나에겐 누가 뭐래도 블라

디미르 푸틴 대통령이 영웅이다. 그랬더니 샤먼이 즉각 부정적인 반응을 보였다. 나는 이어서 말했다. 샤먼의 주장에 아주 공감할 수 없는 건 아니다. 그러나 생각해보자. 이건 러시아의 뉴딜 정책이다. 1996년부터 러시아 횡단도로와 인연을 맺고 있는 나에게 이 길은 가면 갈수록 좋아지고 있는 중이다. 시베리아가 비록 낙후되어 있지만 도로 건설로 시베리아 사람들에게도 일자리나 다른 기회가 생기지 않겠느냐, 새로운 도로 위에서 물류가 움직이면 또 다른 일자리가 생길 것이다.

나는 러시아 정보국에서 샤먼을 따라다닌다는 것을 알고 있었기 때문에 말에 조금 더 신경을 썼지만, 마음속에 없는 진심을 말하지는 않았다. 내게는 대륙횡단도로 공사가 러시아의 뉴딜 정책처럼 느껴진다. 2014년 크림반도의 병합 이후 러시아는 서방세계로부터 경제제재를 받아오고 있다. 이로 인해 러시아는 자국 제조업을 키우고 도로 공사를 통해 일자리를 창출하면서 국내 경기의 활성화와 아시아에 대한 영향력 확대 노선을 취하고 있다.

알렉산드르 가비셰프와 헤어진 뒤로도 SNS를 통해 소식을 들었다. 2,600km를 걸어서 울란우데에 왔을 때 그를 지지하는 사람들이 모여들었다. 시위가 일어난 적이 없던 이 도시가 술렁였다. 결국 그의 여정은 그가 출발했던 야쿠츠크로부터 2,800km 거리에서 멈추었다. 부랴티야공화국과 이르쿠츠크주 경계에 있는 야영장에서 알렉산드르 가비셰프는 체포됐다. 한밤중이었고 가면을 쓰고 무장한 경찰들의 차에 실려 다음 날 그가 출발했던 야쿠츠크로 되돌려 보

● 자바이칼스크 지방과 부랴티야공화국의 경계이다. P258, 바이칼 연방고속도로는 치타에서 울란우데를 거쳐 이르쿠츠크까지이다. 부랴티야공화국의 시작을 알리는 경계비 뒤편으로 보이는 나무에는 하닥이라고 부르는 천들이 매달려 있다. 신성하다고 생각되는 곳이나 마을, 도시, 주나 지방이 시작되는 곳에는 행운을 의미하는 하닥을 나뭇가지에 매어놓는다.

내졌다. 그는 정신병원에 감금되었다. 이후로도 몇 번인가 모스크바까지의 장정을 시도했지만 매번 그는 제자리로 보내졌다. 러시아에서도 권력에 도전하는 자에게는 그가 누구든 냉정한 대응이 따른다.

체인을 늘린 옛길

바이칼 연방고속도로(P258)는 치타-울란우데-이르쿠츠크에 이르는 1,100km에 이르는 구간이다. 쿨툭 교차로에서 A333 도로를 선택하게 되면, 국경을 넘어 몽골 홉스굴에 이르게 된다. 울란우데 부근에서 A340 도로를 선택하게 되면 몽골 울란바토르로 연결된다.

2019년에 러시아 연방도로는 아직 포장이 덜 된 구간들이 있어서 표지판을 잘 보면서 달려야 사고가 나지 않을 수 있다. 노란 표지판을 만났는데 이건 내가 달려갈 진행 방향 앞에 공사가 진행되고 있다는 것을 의미한다. 아니나 다를까 페트롭스크 자바이칼스키Petrovsk Zabaykalsky라는 도시를 앞두고 비포장 자갈길이 이어진다. 도로 포장을 위해 곳곳에 널려 있는 주먹만한 돌들 탓에 앞으로 나가기가 무척 힘들었다. 여행자의 인내를 시험하는 곳이다. 앞서가는 차량들만큼 가면 이 구간의 도로 공사는 끝이다.

페트롭스크 자바이칼스키를 앞두고 2.7km 전에 두 갈래 길과 만나게 된다. 왼편은 새로 난 길이다. 네 번째 만나는 길이다. 2019년 나는 도시로 들어가는 옛길을 선택했다. 도심을 벗어나 저수지 앞, 기억이 잘 나지 않아 낚시하는 사람들에게 "울란우데!"라고 소리치자 내 예상과 달리 방향을 바꾸어 왼쪽으로 가라는 손짓이 돌아왔다. 다시 수십 km의 빨래판 비포장 자갈길이 시작되었다.

낡은 나무집들이 회색 하늘에 눌려 있는 동네는 '일까'마을이다. 이 마을에서 만난 청년이 나에게 돈 좀 달라고 했다. 바이크에 대한 호기심보다 바이크를 타고 여행을 왔으니 여유가 있을 것이라 생각

●
페트롭스크 자바이칼스크로 들어가는 두 갈래 길. 왼편은 새길 아시안 하이웨이 6호선이다. 오른편은 도심을 지나가는 옛길로 비포장 빨래판 길이 기다리고 있다.

하는 것이다. 그들이 바이크에 대해 호기심을 순수하게 보였다면 뭐라도 약간 나누어보고 싶은 마음이 있었을 텐데, 모터바이크를 타고 여행을 왔다고 해서 시골 사람들에게 당연히 무엇인가를 주어야 할 만큼 나는 여유가 없는 여행자다. 그들의 도전적인 눈빛을 뒤로 하고 일까 마을을 벗어났다.

'일까' 마을의 청년. 일까는 페트롭스크 자바이칼스키로부터 울란우데로 가는 옛길에서 만날 수 있는 작은 마을이다. 여전히 이 길은 비포장 자갈길이다. 불과 수십 km를 달렸을 뿐인데 모터바이크의 체인이 늘어나버릴 정도였다.

치타에서 출발해서 640km를 달려 한밤중에 울란우데로 들어왔다. 잘못해서 옛길을 선택한 대가로 치타에서 조정해놓은 체인이 다시 늘어났다. 3,000km를 달리고서 늘어난 체인이 100km도 되지 않는 비포장 길을 달리면서 같은 길이로 늘어났다. 온몸은 진동으로 몸살이 날 듯하고 비로 인해 체온을 빼앗겨 무척 추웠다. 온몸과 마음이 절실하게 휴식을 바라는 이 밤 나는 어디로 가야 할까? 누가 가란 것도 아니고 누가 오라는 곳도 없는 이 낯선 땅에서.

다른 듯 닮은 섞임

울란우데는 부랴티야공화국의 수도다. 97번 마르쉬뜨까(마을버스)에 몸을 맡기고 낯선 도시를 둘러본다. 엄밀히 말하면 낮은 분지에 위치한 이 도시를 둘러싸고 있는 산들의 정상을 향하고 있다. 어제는 천둥과 번개, 우박과 쏟아져 내리는 비, 오늘은 푸른 하늘에 하얀 구름이 가까이 다가와 있어서 산을 오르기는 좋은 날씨였다.

버스에서 내렸다. 이곳에는 부랴트 민족의 민간신앙과 오래된 외래종교가 동시에 존재하는 사원이 있다. 사원은 많은 것들이 섞인 종교적 색채가 짙었지만 그게 그렇게 시끄럽게 느껴지지 않고 오히려 편안했다. 가만히 사원을 둘러보며 섞임에 대해 생각했다. 파란 하늘에 하얀 뭉게구름이 잘 어울리는 것처럼 사람의 삶도 너와 나를 구분하고 예리하게 따질 때보다 서로 어울리고 섞일 때 풍성해지는 것 같다. 섞임은 열린 마음이고 시대의 흐름이라고 생각해왔지만 여전히 내 마음도 나와 다른 상대에 대해 선 긋고 구분하는 마음을 잘 못 버리고 있다.

눈에 보이지 않지만 영원한 것이 있고, 눈에 보이지만 영원한 것 앞에서는 허상인 삶이 있다. 나는 세상에 존재하지도 인정되지도 않는 직업으로 살아왔지만 아이러니하게 대단히 눈에 보이는 것들을 바라보고 살아왔다. 내가 하려는 일이 하늘에서 바라보면 영원한 것도 대단한 것도 아니겠지만, 사람들이 민족이나 인종 구분 없이 서 있는 미술관이 눈에 들어왔다. 내가 찾던 곳이었다. 위치를 확인해 보니 경찰서는 중앙시장과 붙어 있었다. 3일 전에 찾다가 포기했던 그 미술관이 선물로 주어졌다.

●
울란우데 미술관

경찰이 한국인을 좋아하는 이유

　이런 일은 누구에게나 일어날 수 있다. 그냥 무작정 설레는 마음만 가지고 여행을 온 한국인들은 경찰서에 갈 일이 생길 가능성이 높다. 교통경찰에게 소위 '삥을 뜯기는' 일은 흔하고 어떤 식으로든 꼬투리를 경찰이 만든다고도 할 수 있다. "너 이러저러한 게 문제야. 한 천 불만 내" 이런 식이다. 코에 걸면 코걸이 귀에 걸면 귀걸이 같이 고무줄 같은 법 적용으로 경찰이 나쁜 마음을 먹으면 외국인들은 여기에서 하나쯤 걸려들 수 있다.

　이들은 한국인은 어디서든 잡히기만 하면 돈부터 내놓는다는 것을 알고 있다. 그래서 한국인 여행자들의 꼬투리를 잡으려는 면도 간과할 수 없다. 경찰의 봉급이 600달러 안팎으로 박봉이다 보니 이들은 여행자를 상대로 좀 치사한 방법을 쓴다. 그러니 돈부터 내놓을 게 아니라 그런 일이 생기면 어떻게 풀려나는지 알아야 한다.

　그냥 '마음대로 해라' 하고 시간을 보내는 것도 방법이다. 인권 문제가 생기기 때문에 국제법상 외국인을 일정기간 이상 무작정 가둘 수 없다. 국선 변호인을 선임할 수 있지만 언어가 안 되면 하기 어렵다. 크게 잘못한 것도 없는데 잡히기만 하면 쫄아서 돈부터 내놓는 일만은 하지 말아야 한다. 여행자에겐 시간이 돈이라 빨리 돈으로 해결하고 싶은 마음도 있겠지만, 그러면 그럴수록 한국인 여행자를 잡는 악순환은 계속된다.

2019년 유라시아 대륙횡단 중에 나는 경찰서를 가야 하는 두 번의 사건을 모두 러시아 구간에서 경험했다. 두 사건 모두 피해자가 되어 경찰서를 가거나 경찰이 찾아왔지만 나는 아무런 보상이나 사과를 받은 일이 없다. 하루종일 조서를 꾸미면서 내 개인정보만 그들에게 온전히 주고 말았다. 이 경험을 통해 이제 러시아에서 사건이 발생하면 스스로 감당할 수 있는 경우에는 경찰을 부르지만, 그래도 되도록 경찰서에는 가지 않는 방법을 선택하겠다고 생각했다.

4장. 탐험의 여정3

4 ≫ 이르쿠츠크
툴룬
칸스크
크라스노야르스크

SWEDEN

NORWAY

FINLAND

ESTONIA
LATVIA
LITHUANIA

POLAND

BELARUS

GERMAN

UKRAINE

KAZAKHS

• p258, 바이칼 연방고속도로 • p255, 시베리아 연방고속도로

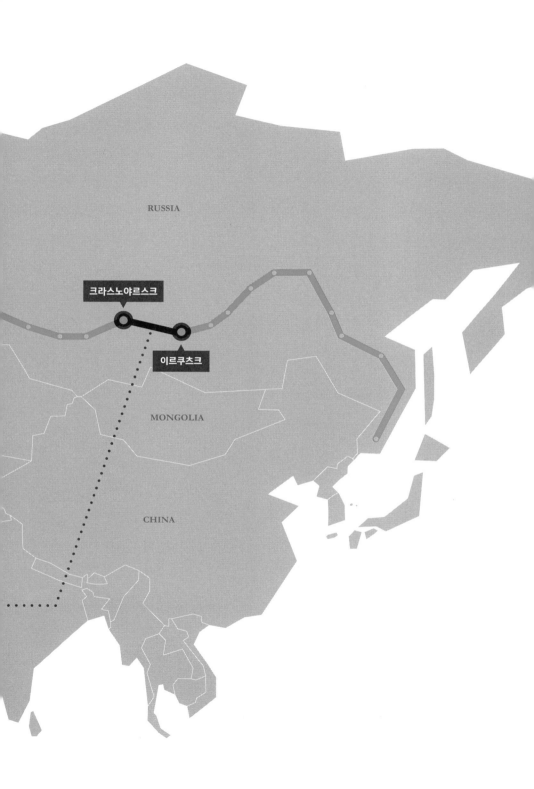

RUSSIA

크라스노야르스크

이르쿠츠크

MONGOLIA

CHINA

덕담 릴레이

호숫가를 따라 달리는 구간에서 바이칼호수에서만 산다는 물고기 '오물'을 훈제하는 곳이 자주 눈에 보인다. 거친 비포장 길에서 먼지를 너무 많이 마셔서 조금 쉬면서 타이어 점검도 할 겸 오물을 훈제하고 있는 노인 옆에 잠시 멈추었다. 이곳에서 노인과 이런저런 이야기를 나누다가 그 곁에서 함께 있던 모든 사람들이 내 여행길의 안전과 평온을 기원해주었다.

끝없이 광활한 이 러시아 땅을 따라 배고픈 여행자를 위한 휴게소나 카페를 들릴 때면, 자연 속에서 평생 유순하고 착한 심성으로 삶을 이어왔을 것 같은 시골 사람들이 내게 말을 걸어온다. 어디서 왔냐 어디까지 가느냐. 그러면서 여행에 대한 축복의 말, 안전을 기원하는 말, 건강하라는 메시지를 정말 아끼지 않고 해준다. 한국에 있는 내 가족과 또 나를 아끼고 사랑해주는 많은 분들이 그러는 것처럼 진심을 담아서 말이다.

20대의 나이에 모터바이크를 타고 러시아를 처음 횡단할 때에는 그야말로 '깡' 하나만 있었다. "뭐 별것 있어? 그냥 부딪혀보는 거지." 그게 다였다. 그리고 어떻게 해냈다. 그러다보니 마치 러시아에 대해서 다 아는 것처럼 우쭐대기도 했다. 하지만 그후 10년이 넘는 세월 동안 러시아라는 나라와 인연을 맺으면서, 러시아에 대해서 아는 수준은 이제 겨우 열 살 아이 정도라고 생각하게 되었다.

나는 열 살이 되는 동안 정말 수많은 축복과 기원의 메시지를 들었다. 이런 것이 없었다면 이제까지 내가 하려고 하는 일들을 이어갈 힘을 잃어버렸을지도 모른다. 하루하루의 어려움을 감당할 수 있었던 힘은 매일매일 기도하면서 구했던 신의 보살핌과 길에서 만난 수많은 분들의 기원와 축복이다.

바이칼호수는 여행자를 위한 축복의 릴레이가 넘치는 곳이다. 많은 한국인들의 버킷리스트에 있다는 바이칼호수는 그런 많은 사람들의 아름다운 메시지가 담겨서 호수를 더 신성하게 만드는 것은 아닐까 생각한다. 그 메시지를 물이 듣고 하늘이 들으며 여행자를 살피는 것이리라 믿는다.

2017년 종착지의 변경

세 번째 횡단이 시작된 2017년 6월 18일 동해. 팀을 만들어 대륙횡단도로가 만들어내고 있는 변화들을 구체적으로 자료화하고 싶었지만 결국 나 홀로 길을 나섰다. 나는 많은 사람들이 우리에게 열린 이 확장된 공간으로 유라시아 대륙을 경험하기를 간절히 바라왔다. 그리고 20년이 넘도록 내 주위를 중심으로 나의 경험들을 나누기 위해 외쳐왔지만 돌아오는 목소리는 없었다. 고독한 시간이었다.

블라디보스토크로 향하는 배가 출발하는 동해시로 밤을 새워 달

동해항은 자신의 차량과 함께 러시아 블라디보스토크로 가는 배를 탈 수 있는 곳이다. 아시안 하이웨이 6호선은 부산을 출발해 동해시, 북한의 원산과 나진, 선봉을 거쳐 러시아 핫산과 블라디보스토크를 지나간다.

려갔다. 그리고 그곳에서 아홉 명의 바이크 여행자와 차량 여행자들을 만났다. 나를 포함해 모두 열 명이었다. 휴학한 대학생부터 중년의 조기 퇴직자, 60대 어른까지 갖가지 사연을 가진 보통 사람들이 전국에서 모인 것이다. 대부분 서로 처음 만났거나 알게 된 지얼마 안 된 사이들이었다. 이분들은 모두 인터넷 정보에만 의존하여처음 하는 여행이었기 때문에, 함께 달리지는 않았지만 대륙의 현장에서 필요한 나의 많은 경험과 정보들을 나누게 되었다. 둘씩 짝지어 달리게 되는 상황에서 안전한 숙소를 선택하는 방법과 주유하는방법, 인터넷을 연결하는 방법, 여러 가지 에티켓, 길 위에서의 위험한 상황들, 위험한 시골 지역에서 주의해야 할 점, 배나 비행기에 바이크를 싣는 방법과 주의할 점 등을 더불어 나누었다.

　나는 그해에 이분들을 만나면서 유라시아 대륙횡단이 대한민국사람이라면 그 누구나 가능하다는 사례를 만들고 싶다는 계획으로대륙횡단 계획을 수정하게 되었다. 2014년처럼 로테르담까지 가려고 세웠던 계획을 접고 더 많은 사람들이 대륙을 향해 현실적으로 접근하는 방법을 고민하면서 바이칼호수까지 가는 것으로 그해 횡단의 종착지를 바꾸었다.

그리고 가장 연장자이면서 준비가 완벽하지 않은 65세 바이커를 선택해서 그분이 블라디보스토크에서 바이칼호수까지 왕복으로 8,000km를 다녀올 수 있도록 돕기로 했다. 먼저 블라디보스토크에서 하바롭스크까지 750km를 함께 달리면서, 앞서 여러 가지 정보에 대한 조언을 하며 길에 익숙해지도록 했고, 이후 하바롭스크에서 바이칼호수까지는 홀로 다녀오시도록 했다.

처음엔 두려워하시며 바이칼호수까지 함께 달리자고 하셨다. 하

●
러시아 블라디보스토크항

지만 나는 '나 스스로 이야기를 만들어가는 여행'을 경험해보시라고 용기를 드렸다. 하바롭스크에서 이분이 바이칼을 향해 떠난 후에도 나는 SNS를 통해 이런저런 상황을 때마다 잘 헤쳐나갈 수 있도록 필요한 조언을 아끼지 않았다. 그래서 그분은 혼자서 바이칼호수까지 3,300km를 달려서 도착했고, 다시 4,000km를 되돌아와 블라디보스토크에서 모터바이크를 배에 싣고 한국으로 돌아가는 데 성공했다.

30대 중반의 두 젊은이 중 한 명은 앞서 달려가던 차량에서 떨어진 돌멩이에 다리를 다치는 바람에 이르쿠츠크에서 모스크바까지는 모터바이크를 기차에 싣고 이동했다. 나는 이르쿠츠크역에서 기차에 모터바이크를 싣는 과정을 도왔다. 나머지 대륙횡단 여행자들은 SNS를 통해 무슨 일이 발생하게 되면 스스로 해결해볼 수 있도록 방법을 조언했다.

나는 그때 125cc 소형 모터바이크를 타고 대륙횡단에 나선 두 대학생에 대해 특별히 관심이 있었는데 이들을 보면서 1996년 내 모습이 떠올랐다. 이들은 모두 아르바이트 등을 통해 여행 비용을 만들었다고 했다. 빠르게 달릴 수 없는 소형 바이크를 가지고 있던 이 학생들과 함께 달리기는 어려운 상황이었지만, 나는 그래도 이렇게 도전하는 청년들을 마음 깊이 응원했다. 이 청년들은 이베리아반도 남단에 있는 지브롤터를 유럽의 끝으로 보고 그곳으로 간 것으로 알고 있다.

2017년 세 번째 대륙횡단은 이렇게 바이칼호수에서 멈췄지만, 평범한 9명의 바이크와 차량 여행자들이 무사히 대륙횡단을 할 수 있도록 직간접적으로 참여하고 조언하고 관찰하면서, 대한민국의 평범한 국민을 기준으로 누구든지 일상의 이동수단으로 한반도로부터 확장된 공간으로서의 유라시아 대륙을 경험할 수 있도록 대중화 작업을 했다.

사실 유라시아 대륙의 길에 대한 자료를 만들기 위해 반복적으로 길을 오가는 나와 달리, 대부분의 한국인 여행자들은 유럽 끝까지 한번 달려보는 것이 꿈이다. 하지만 현실적으로 대륙을 향해 움직일 수 있는 시간과 거리를 생각하면 블라디보스토크에서 바이칼호수까지 가는 4,000km 정도가 적당하다. 14일 정도의 연차휴가를 사용할 수 있는 직장인이라면 바이칼호수를 목적지로 삼아 자신이 현재 타고 있는 자동차로 왕복 8,000km를 달려서 다녀올 수 있는 가장 좋은 여행길이 될 것이다.

동해항에서 만난 이들은 공통적으로 하는 말이 있었다. 이건 누가 시키지 않았고 내 스스로 결정하고 준비한 것이라고. 그리고 비용을 마련하기 위해 저마다 낮은 자리에서 오래 준비하는 시간을 가졌다고 말한다. 이들을 통해 나는 뭔가 뜨거운 희망을 보았다. 공간적 한계를 벗어나는 경험을 하는 대한민국 사람들, 한반도로부터 이어지는 대륙을 온몸으로 경험한 사람들이 가져올 변화의 시기가 곧 다가올 것이라는 확신이 생겼다.

얼음 위에서
꽃이 피기까지

나는 이르쿠츠크에 오면 뭔가 마음에 다른 파동이 생긴다. 진짜 시베리아에 들어왔구나 싶기 때문이다. 러시아에서 지리상 시베리아라고 보는 지역은 여기 이르쿠츠크에서 시작된다. 정확히는 모스크바를 기준으로 '노보시비르스크-크라스노야르스크-이르쿠츠크'까지를 본다.

러시아가 세계에서 가장 큰 영토를 갖게 된 것은 이반 4세 때 우랄산맥을 넘어 시베리아를 개척한 역사 때문이다. 15세기 초반부터 서구는 대항해시대로 사실 러시아도 그 흐름을 따라 바다로 가려고 했으나 번번이 막혔다. 크림반도 쪽은 영국의 지원을 받은 터키가 막고 있었고, 스웨덴의 발트해 쪽은 전쟁으로 막혔으며, 아프카니스

살아 있는 건
기적

이르쿠츠크를 떠나 P255, 시베리아 연방고속도로(2018년 1월 1일까지 M53)를 타고 크라스노야르스크를 향해 달리다가 툴룬시에 가까워져 갈 때였다. 깊어지는 밤 길 위에서 엄청난 번개를 만났다. 2019년 횡단 때는 모두 네 번의 천둥 번개를 만났는데 직접 마주한 건 두 번의 야간 운행 중에 있었다. 천둥 번개는 그 자체로도 너무나 두려운데 툴룬에서 만난 천둥 번개는 그렇지 않아서 더욱 기억에 남는다.

짙은 먹구름에 감싸인 하늘에서 갑자기 번개가 치는데 그 빛이 남달랐다. 나에게 어떤 예비 신호도 주지 않은 하늘은 갑자기 내 눈이 볼 수 있는 최대한의 하늘, 이 끝에서 저 끝까지 전체를 한 번에

붉은빛으로 꽉 채웠다. 소리가 나지 않는 천둥이었지만, 오직 움직이는 번개와 빛만으로도 나는 소리를 들을 수 있었다. 그것은 오케스트라의 소리처럼 들렸다. 가끔씩 금관악기가 화려하게 뿜내는 그런 곡. 엄청난 대형 스크린에 띄운 영상과 음악이 합쳐진 야외 공연물 같았다. 하나도 두려운 마음이 들지 않았고 그저 넋이 나간 감탄사만 나직이 나올 뿐이었다.

나는 베토벤 같은 음악가가 교향곡 〈운명〉이나 〈합창〉과 같은 작품을 쓸 때 어떻게 이런 곡을 쓰게 됐을까 생각한 적이 있는데, 어쩌면 그가 이런 장면을 보았을지도 모르겠다는 생각이 들었다. 대자연이 주는 창의적 영감이 분명 있을 것이다. 베토벤도 보았을지도 모르는 신의 축복과도 같은 이 장면이 툴룬하면 오래도록 떠오를 장면으로 남았다.

나를 멈춰 세운 무리

밤새 내리던 비가 그치고 툴룬을 떠나서 니즈네우딘스크 방향으로 가던 길이었다. 2014년 횡단 때 바로 이 구간에서 일어났던 사건이 하나 떠올랐다.

러시아의 여름휴가 성수기에는 많은 사람들이 다챠에서 농사를 짓거나 낚시를 하면서 이웃과 함께 자연에서 보낸다. 또한 많은 러시아인에게 로망은 바이칼호수에 다녀오는 것이다. 어느 날부터 바이크족이 등장했다. 바이칼호수는 누구에게나 사랑 받는 곳이다. 그들도 그런 행렬이었다. 갑자기 한 바이커가 나를 추월해가면서 손짓으로 잠깐 서보라는 신호를 보냈다. 내 뒤로는 그와 한 팀인 듯한 바이크 두 대와 자동차 두 대가 따라오고 있었다. 나는 긴장했다. 무슨 일이지? 이렇게 큰 무리가 나한테 무슨 볼 일이 있나? 무시하고 무작정 달릴 수가 없어서 도로 한쪽으로 들어가 멈췄다.

이들은 각각 크라스노야르스크와 옴스크에서 온 두 팀의 여행자들로 바이칼호수를 다녀가는 길이었다. 가족들은 차에 타고 있는 것 같았다. 나에게 어디까지 가냐고 물었다. 나는 블라디보스토크에서 출발해서 암스테르담까지 가는데 크라스노야르스크와 옴스크를 거쳐서 간다고 하니 놀랐다.

"근데 너 혼자 왔어?"

그렇다고 했더니 금방 얼굴을 찌푸렸다.

"너 너무 위험해. 밤에 이렇게 혼자 달리면 안 돼. 그러지 말고 같이 달리자."

러시아에서 혼자서 바이크를 타고 대륙의 끝없는 길을 달리는 것이 위험하다는 것은 당연한 상식이다. 두 바퀴의 바이크는 그 자체로 사고위험도 크고, 사고 후 도움을 받지 못하면 더 큰 2차 사고위험에 노출되기 때문에 특히 모터바이크 여행은 반드시 2명 이상 하는 것이 불문율처럼 되어 있다. 한 도시에서 다음 도시까지 워낙 멀

니즈네우딘스크 가는 길 위에서 만난 러시아의 모터바이커들. 크라스노야르스크
와 옴스크로부터 출발해 바이칼호수에 도착했다. 집으로 갈 땐 서로 한 팀이 되어
달리고 있던 중이었다. 러시아에서 시골 길을 밤에 달릴 때에는 카라반처럼 무리
를 지어 달리는 것이 안전하다.

기 때문에 모든 차들은 엄청 빠르게 달린다.

　옴스크에서 온 안톤은 나의 횡단 초기 구간의 스승이었던 막심처
럼 바이크 초퍼Chopper라고 했다. 초퍼는 바이크 수리는 물론 개조까
지 하는 바이크 전문가로 러시아에서는 떠오르는 직업이다. 초퍼 문
화는 미국의 바이크 문화가 들어오면서 함께 들어왔다. 러시아는 세
계 최대의 땅을 가진 나라로 늘 미국을 경쟁상대로 생각해왔다. 사
실 러시아 눈엔 중국도 잘 안 보인다. 그냥 강한 상대로 미국만 인
정했기 때문에 문화도 미국문화는 인정하는 쪽으로 열려 있다.

그래서 그들도 할리 데이비슨을 좋아하지만 너무 비싸기 때문에 꿈으로 남겨두고 일본 중고 바이크를 사서 개조한다. 조금 더 경제적으로 넉넉한 사람은 할리 데이비슨과 비슷한 형태의 일본 바이크를 사서 개조하는데 미국 초퍼와는 방향이 좀 다르다. 미국 바이크 초퍼는 바이크를 멋지게 보이기 위해 화려하게 튜닝하는 쪽으로 가지만, 러시아 초퍼는 혹독한 기후와 나쁜 도로 환경을 오랜 시간 견딜 수 있는 자기 나라 최적의 바이크로 개조한다. 길에서 만난 바이커 중에 이런 초퍼가 있으면 다른 바이커들도 정비능력이 있지만 어딘가 좀 더 든든하다.

아찔한 사고

그때가 밤 9시쯤이었지만 백야현상이 있을 때여서 어스름하게 해가 질 무렵처럼 밝았다. 안톤은 니즈네우딘스크의 바이커가 숙소를 제공하기로 했다며 너도 거기서 자자고 했다. 우리는 출발했다. 선두 1번 자리는 안톤, 그 뒤를 이어 손님이라고 생각하는 나를 두 번째로 달리게 한다. 그리고 다른 두 명의 바이커와 차 두 대가 내 뒤를 따라 달렸다.

해가 질 무렵의 시간은 더 주위를 기울여야 한다. 아예 깜깜하면 단단히 긴장하는데, 아직 어둡지는 않은데도 어느 순간 착시로 인해 사람이 잘 안 보일 수 있다. 출발한 지 오래되지 않았을 때였다. 그날의 사고는 착시는 아니었지만 갑자기 나타난 공사 구간에서 순식간에 일어났다. 90km 속도로 달리던 안톤이 자갈길을 피하려고 바이크를 틀더니 갑자기 내 눈앞에서 흙먼지를 날리며 그대로 미끄러져 넘어졌다. 그는 먼지 속으로 들어가버렸다. 사고가 난 것이다.

나는 바로 뒤를 따르고 있다가 순간적으로 '아 주님, 살려주십시오'라는 기도가 입 밖으로 터져나왔다. 나는 여기서 넘어지면 어딘가 부러지고 중상을 입으면 횡단은 끝이다. 절망감에서 젖 먹던 힘까지 끌어올려 나온 기도였다.

'이건 100% 넘어진다. 넘어진다면 어느 쪽으로 넘어지는 게 그래도 나을까? 넘어지면 이렇게 넘어져야겠다.'

우습지만 그 짧은 찰나의 순간에 놀라울 정도로 한꺼번에 많은 생각이 쏟아졌다. 그러면서 브레이크를 세게 밟으면 안 된다는 생각까지 했다. 대부분 놀라면 브레이크부터 밟는 것이 본능이다. 물속에 빠진 사람이 구하러 들어간 사람을 잡으면 안 되는데도, 살려는 본능 때문에 구하러 온 사람 몸을 꽉 잡게 되는 것처럼.

그러나 나는 순간적으로 브레이크를 밟았다 뗐다 밟았다 뗐다를 무수히 하면서 속도를 서서히 줄이려고 안간힘을 썼다. 넘어지더라도 속도를 줄이고 넘어지자고 생각했다. 최선의 방법은 이것밖에 없었다. 그런데 정말 기적적으로 안 넘어지고 멈췄다. 그러나 뒤에서 오는 사람들 생각에 이르자 쉴 사이 없이 마음이 졸였다. 200kg이

사고는 순식간에 발생한다. 안톤은 바이크용 복장을 갖추고 있었는데도 몸 이곳
저곳에 상처가 났다. 이 사고로 바이크는 움직일 수 없게 되었다.

넘는 바이크를 움직여보려고 했으나 바퀴 일부는 돌 위에 걸쳐 떠
있고 마음만 급했다. 1차 사고로 넘어지고 그 뒤에 따라오던 차가
2차로 치는 경우가 다반사이다.

　다행히 안톤은 일어서서 길가로 나와 있었다. 망가진 바이크도 길
가로 빼냈지만 나는 바이크를 길가로 빼는 대신 그 자리에서 바이
크를 반대로 겨우 돌려서 달려오던 방향 쪽으로 전조등을 환하게
밝혔다. 뒤따라오는 차들이 위급상황임을 알 수 있도록. 그러나 누
군가 내 바이크를 들이받는다면 내 횡단여행은 거기서 끝날 것이
분명한 절체절명의 상황이었다. 하지만 나는 눈 딱 감고 의리를 보
여주는 선택을 했다. 러시아 바이커들의 신뢰와 신의를 경험했고 그

세워놔라, CCTV가 있어서 건물 옆에 붙여놓으면 문제없을 것이다, 이런 말로 믿음을 주었다.

그리고 사건이 발생한 것이다. 나는 그녀에게 당신이 안전하다 해서 세워놓았는데 이게 어떻게 된 거냐? CCTV를 보자고 말했다. 여직원은 나를 쳐다보지도 않고 빨리 나가라고 했다. 너무 어이가 없어서 경찰을 불러달라고 했더니 다시 빨리 짐을 싸서 이곳을 떠나라고 했다. 나는 그녀의 차가운 행동에 크게 상처를 받았다. 직원은 손님에게 이미 돈을 받았고 하룻밤은 재워줬으니 그다음은 나와 상관없다는 태도였다. 아침까지 나를 없는 사람 취급해놓았다가 다시 나에 대한 서류를 꾸미느라 정신이 없는 듯 보였다. 내가 지불했던 숙박비는 주인 몰래 그녀의 주머니 안으로 들어가 있었다. 이건 보통 일이 아니라는 것을 그녀도 알고 있다는 뜻이다.

러시아에서 사건 사고를 당하면 피해자만 손해다. 아무도 내 편을 들어주지 않는다. 그녀는 남편인 듯한 남자를 불렀고 함께 퇴근하기 위해 내 눈

칸스크의 숙소 '유그'의 직원

앞에서 움직이기 시작했다. 나는 두 사람의 뒤통수에 대고 "너희들 정말 나쁜 사람이야"라고 몇 번인가를 외쳤다. 절대 이 일에 대해 잊지 않겠다고도 했다. 그리고 숙소 바깥으로 나왔다.

처참하게 쓰러져 있는 모터바이크를 향해 마음이 아파서 눈길을 줄 수가 없었다. 옆으로 다가가지도 못하겠고 만지지도 못할 지경이었다. 최소한 경찰이 오기 전까지는 모터바이크에 손을 댈 수 없었다. 나는 이 바이크가 내게 오던 그해가 떠올랐다.

그해 겨울

2013년 겨울은 실패에 대한 절망으로 생애 가장 고통스러운 시간을 보내던 때였다. 20대 젊은이가 미래를 바라보며 뚜렷한 목표를 가지고 사명감으로 해왔던 일에 누구도 관심을 갖지 않았고 그 후로도 오랫동안 계속되어왔던 이 일에서 어떤 수입도 발생하지 않았다. 가장 가까운 사람들의 희생으로 이루어진 일이 더 이상 나아갈 길을 잃고 한계에 부딪치자 나는 견딜 수가 없었다. 알고 보면 다 어려운 사람들인데 내가 아무런 성과도 없이 이제까지 그들을 괴롭히기만 했다는 생각에 고개를 들기 힘들었다.

그해 12월 성탄 예배 후 사무실로 돌아와 울분을 참지 못하고 혼자 터졌다.

'내가 이 일을 통해 주인공이 되고자 했던 것도 아닌데, 도전할 만한 가치가 있는 일이라고 생각해서 했던 일인데, 사람들은 견고히 성을 쌓는 일에 더 관심이 많고 나만 큰 그림을 그리며 가슴 부풀었구나.'

허탈했다. 생활은 나날이 힘들어져가고 상황은 죽음을 생각했을 만큼 고통스러웠다. 어머니의 깊은 사랑이 나를 다시 살렸다.

그래서 나는 그냥 죽지는 않겠다고 생각했다. 죽어도 시베리아에 가서 죽겠다는 마음으로 2014년 유라시아 대장정을 준비했다. 부산에서 출발해 시베리아를 거쳐 유럽까지 가는 유라시아 대륙횡단 도로에 대한 자료를 구축하기 위해 다시 길을 나서기로 했다. 우리는 물류가 중요한 나라인데도 아무도 이 육로, 자동차 길에 대해 관심을 갖지 않는 것이 안타까웠다.

2010년에 러시아 횡단도로가 완성되고 2014년에 한·러 무비자 협정이 체결되면서 국경을 마주 대하고 있던 우리는 유라시아 대륙과 한층 가까워졌다. 아직은 남·북 분단으로 아시안 하이웨이 6호선이 연결된 것이 아니라 생각한다면 조금은 안일하고 근시안적인 시각이다. 천천히 차곡차곡 지금부터 준비해야 한반도로부터 시작되는 육로가 완전히 열렸을 때 바로 적용할 수 있다. 그렇지 않더라도 지금도 할 수 있다.

나는 처음으로 이 프로젝트를 위해 타인에게 손을 벌렸다. 바이크 구매와 횡단 비용을 위해 한겨울에 양말도 안 신고 뛰었다. 나의 부족함도 있었지만 물러날 곳은 없었다. 나는 그때부터 '나는 죽었다', '나는 죽은 사람'이라고 생각했다. 남에게 도와달라는 말을 하려고 할 때 며칠 동안 잠을 못 잤다. 남들이 나에게 도움을 청하러 올 때는 이런 심정이구나 뼈저리게 알게 됐다. 남에게 손을 내밀어본 사람만 알 수 있다. 누구나 그렇겠지만 처음 찾아가는 사람은 아무래도 내가 언젠가 도움을 준 사람일 가능성이 높다. 하지만 그것도 쉽지 않았다.

나에게 그런 바이크다

비용이 충분히 마련되지 않아서 출발을 다섯 번 연기했다. 편도 비용만 구해지고 돌아올 비용이 없었다. 이렇게 늦어지면 돌아오는 길에 겨울 시베리아를 만난다. 혹독함의 상징인 그 계절을 건널 여정에 대한 준비가 안 되어 있었다.

그동안 내가 칭기즈 칸에게 빌렸던 말. "성을 쌓는 자 망하고 길을 내는 자 흥한다", 낯선 환경 불편한 환경에 나아가 도전했던 사람들이 기회의 주체가 된다고 했던 말들이 아프게 되돌아왔다. 막상 유럽 끝까지 가더라도 돌아올 비용이 없게 되자, 나처럼 경계 밖으로 가고 싶은 사람이 있을 텐데 누구나 도전하지 못하는 이유가 있겠구나 하는 생각에 이르렀다.

벼랑 끝에 서서 부족한 점이 많았는데도 내가 이 프로젝트를 실행하게 된 것은 심리적으로 두 가지 믿음이 있었기 때문이다. 1996년의 경험으로 시베리아에 사는 러시아 사람들은 대부분 바이크 정비능력이 있다는 것과 다른 하나는 대륙의 사람들은 여행자를 돕는다는 믿음이다. 400km 안에서는 마을도 없는 큰 땅에서 여행자의 신분은 돈이 많고 적음을 떠나 그 자체로 반드시 남의 도움이 필요한 존재다. 칭기즈 칸은 그런 것을 알았기 때문에 나그네에게 잘 곳과 먹을 것을 주는 것을 의무화했다. 나는 죽지 않을 만큼만 먹고, 여행자에게 도움을 주는 대륙의 사람들을 믿기로 했다.

그러나 떠나기 2주 전, 중고 모터바이크를 사러 가는 심정은 괴로웠다. 2만 km가 넘는 대륙의 거친 길을 달리려면 내구성 좋은 튼튼한 것이 필요한데 나로서는 7년 된 중고 제품이 최선이었다. 어쩐지 나와 같은 신세의 바이크를 만난 것 같은 기분이 들었다. 철도나 선박, 항공 등의 교통수단보다 유라시아 대륙횡단도로를 통해서 차량으로 가는 방법에는 어떤 이동 경쟁력이 있는지 자료화하려고 하니 자동차와 같은 속도를 낼 수 있는 모터바이크가 필요했다. 그래서 125cc는 내 선택 안에 없었다. 러시아에서는 1200cc 정도 되어야 대형 모터바이크로 보지만, 나는 넘어져도 혼자서 일으킬 수 있는 모터바이크의 중량을 또 하나의 선택 기준으로 잡았다. (나와 인연을 맺은 BMW 650GS는 178kg의 자체 중량을 가지고 있다. 유라시아 대륙횡단 중에 네 번 넘어졌다. 두 번은 나 혼자서 두 번은 지나가는 사람의 도움을 받아서 일으켜 세웠다.)

12년 된 이 모터바이크의 기능에 대해 나는 자주 감동을 받는다. 종일 끝도 없이 달리다 보면 우울해질 때가 있지만 이 바이크가 나에게 어떻게 왔나 떠올리며 힘을 내곤 했다. 매일 그리고 하루 종일 바이크와 함께 있으면서 나는 기계에게 말을 걸기도 했다. 그러나 대륙횡단에서 돌아오면 먹고 사는 일에 바빠 바이크를 제대로 돌보지 못해서 미안했다. 그런 중고 바이크가 못 가겠다고 퍼지지 않고 나와 무려 세 번의 대륙횡단을 함께했다. 짠하고 고마운 가족 같다. 나에겐 그런 바이크다.

이런 사람도 있다

8시에 두 번이나 전화했지만 신고 접수를 하는 곳에서는 알았다는 답변만 돌아왔다. 감정이 상당히 들어간 내 목소리를 듣고도 제때 출동하지 않는다는 것은 그만큼 사고가 많은 곳이라는 것을 의미한다.

모터바이크에 고장이 있고 현장에서 필요한 부품을 구하지 못한다면 필요한 부품은 독일에서 가져와야 한다. 내가 있는 지역의 바이크 정비소를 찾아야 하고 부품을 주문하고 수리까지 많은 시간이 필요하다. 독일에서부터 BMW 바이크를 타고 바이칼호수가 가까이 있는 슬류단카까지 온 독일 바이커에게 들으니 부품 가져오는 데 7일, 수리는 하루 이상이 걸린다고 했다. 러시아는 무비자로 한 번에 최대 2개월 체류가 가능한데 8일을 먹고 자며 비용 들고 시간을 버린다는 것은 상상할 수도 없었다. 나는 너무도 암담하고 화가 나서 출근길에 도로에서 소리쳤다. 이렇게라도 하지 않으면 견딜 수가 없었다.

"이게 러시아냐! 나는 러시아를 좋아한다, 문화예술이 아름답게 살아 있는 나라이고, 강하고 멋진 사람들이 많고, 러시아의 자연이 너무 좋아서 왔는데, 이게 진짜 러시아냐!"

어떤 사람이 다가와서 내 이야기를 다 듣더니 "미안하다. 내가 한 일은 아니지만 너의 이야기를 듣고 보니 정말 화가 나겠다. 나와 함께 바이크를 일으켜보자"고 했다. 나는 경찰이 오기 전에는 안 된다고 했다.

이 남자는 9시쯤 경찰이 올 때까지 한 시간을 같이 기다려줬다. 그동안 주섬주섬 주머니에서 1,000루블을 꺼내서 준다. 나는 손사래를 치며 말했다. 나는 받을 수 없다, 그렇게까지 할 일이 아니다, 돈이 문제가 아니라 사람의 태도 때문에 화가 난다 했더니, 알고 있다면서 그 사람은 자기가 대신 미안한 마음을 전하고 싶다고 했다. 러시아엔 이런 사람도 있다. 아니 이런 사람들이 훨씬 더 많다는 것을 나도 알고 있다.

숙소 안에서 경찰과 조서를 쓰고 나는 그 남자와 함께 바이크를

미사일을 형상화해놓은 칸스크 입구의 조형물. 시가지를 한눈에 내려다볼 수 있는 언덕에는 대규모 군부대가 있다. 결혼식을 마친 사람들이 이곳을 찾았다.

높은 지대에 가서 친구들과 가볍게 파티를 하는 것이 보통인데, 이 신혼부부의 친구들은 대체로 어린 시절부터 친구인 경우가 많다. 러시아는 초등 4년과 중등 5년을 더한 9년간을 동급생 모두가 같은 반에서 지낸다. 학년만 올라가서 졸업하는 것이다. 이것은 국토가 넓은 반면 그에 비해 인구가 별로 없으니 서로 의지가 되며 살라는 의미가 아닐까 생각해본다.

러시아에서는 내 친구에게 어떤 일이 생기면 한달음에 달려가 이야기를 들어주고 문제를 같이 해결해주는 일이 보통이다. 어릴 때부터 한 학교 한 반에서 공부하고 놀고 싸우며 성장기를 보낸 경우가 대부분이라 그 끈끈함이 특별하고 남다르다. 피로연은 그렇게 함께 모여 음악을 틀어놓고 가볍고 소박하게 술 한잔씩 하며 결혼을 축하한다. 새로운 가정을 꾸리고 서로 사랑하고 아껴주며 살겠다고 공표하는 젊은이들의 모습은 싱그럽고 유쾌하다.

전몰용사를 기념하는 조형물. 하바롭스크로부터 78km에 있는 시카치 알얀
(Sikachi-Alyan)은 나나이 족이 모여 사는 작은 마을이다. 오랫동안 아무르강과
어울려 살아온 원주민들에게도 영원의 불꽃은 의미가 있다. 러시아에서는 2차 세
계대전으로 인해 2,000만 명이 사망했다.

나를 살린 EBS 세계테마기행

다시 달리기 시작했다. 그러면서 계속 구름을 주시하게 된다. 저 구름이 먹구름으로 바뀌는 조짐이 보인다면 비구름이 될 것인가 저러다가 말 것인가에 대한 답을 스스로 빨리 내려야 한다. 시베리아의 여름은 햇볕이 따가워도 공기 자체는 차갑기 때문에 비가 내리면 순식간에 체온을 빼앗기고 한기가 든다. 바이크에도 무리가 간다. 체인이 마모될까 싶어서 뿌려주는 기름이 빗물에 다 씻겨나가면, 멈춰서 또다시 정비해야 하는 일이 생긴다.

그날처럼 칸스크에서 있던 일을 되새기느라 판단력이 늦어버릴 때도 있다. 우울한 마음에 빠져 구름의 속도를 간과하고 90km의 속도로 달렸더니 구름에게 잡혔다. 비구름 속에 갇혀서 억수 같이 내리는 비를 그대로 맞았다. 대륙의 날씨가 이렇다. '하얀 뭉게구름 따위는 잊어라'라고 말하듯 정신 못 차리게 비가 온다. 도저히 뚫고 나갈 수 없을 것 같아 속도를 줄이고 달렸다. 30분 가까이 달리다 보니 비구름을 통과했다. 그곳을 빠져나오니 또 비가 언제 왔냐는 듯 파란 하늘에 하얀 구름이 나를 맞는다. 강렬한 햇살 아래 서서히 체온도 올라가고 젖은 옷들도 마르기 시작했다. 비를 맞고 나면 가끔 생각나는 일이 있다.

2014년 '나는 죽은 사람'이라고 생각하며 나를 잊고 정말 열심히 살았다. 그러다가 2018년에 또 한 번의 슬럼프가 찾아왔다. 마음과

2018년 EBS 세계테마기행 - 아시아의 유목민

정성을 다했던 사람과 일이 잘 풀리지 않아 큰 상처를 안고 좌절하고 있었다. 아무것도 할 수가 없었다. '나는 신에게 버림 받았구나'라고 느낄 정도로 심각한 우울 상태가 지속됐다. 몸과 마음을 둘 데가 없었다.

그 무렵 EBS 방송프로그램 '세계테마기행'의 제작진에게 연락이 왔다. 함께 중앙아시아를 가자고 했다. 우울증이 심각해서 우리말도 잃어버릴 정도였기 때문에 잘하지도 못하는 러시아어는 또 어떻게 할까 싶어서 망설이고 있는데 한 분이 용기를 주며 내 등을 떠미셨다. 나는 한 발짝 문 앞으로 나왔다. 다른 데도 아니고 중앙아시아인데 그냥 여기서 힘들게 움츠리고 있지 말고 넓은 대륙의 공기를 깊이 들이마시고 오자고 생각했다.

그런데 청량한 대륙의 공기를 깊이 들이마실 새도 없었다. 제작진은 촬영 첫날부터 바쁘게 움직였다. 며칠 뒤에는 해발 3,000m에서 패러글라이딩을 하게 되었다. 피디는 발목 골절로 1년 이상을 쉬었다가 업무에 복귀한 여성이었는데 고산증까지 걸리면서도 빡빡하고 고된 일정을 소화해냈다. 대단했다. 그 사이 나도 모르게 나의 우울은 어디론가 날아가버렸다.

비구름으로 변하기 전, 푸른 하늘에 하얀 구름. 순식간에 서로를 끌어당기며 하늘을 뒤덮어버리며 이동하는 구름의 속도는 매우 빠르다.

구름 속에서 상처를 배운다

이 '세계테마기행' 촬영을 통해서 정신이 빠짝 들었고 피폐해진 내 몸과 정신을 일으켜 세울 수 있는 힘이 생겼다. 나는 돌아왔다. 그때 만약 그 제안이 없었다면, 혹은 그 제안을 거절했다면, 그런 상태에서 우울함이 지속됐다면 내게 무슨 일이 났을지도 모른다. 2019년 횡단은 그런 상처를 안고 다시 맨몸 맨손으로 또 일어선 것이다.

나는 비구름 속에서 상처를 어떻게 다룰지 배운다. 시베리아에서 비는 상처다. 비를 뚫고 나갈 힘도 없고, 비를 맞는 게 힘들다고 어디 멈출 데도 없다. 너무 힘들면 잠시 멈출 수는 있지만 오래 멈춰서는 안 된다. 단지 속도를 줄이고 계속 움직이는 것밖에 다른 방법이 없다. 속도를 줄이고 계속 움직여야 한다.

따스한 햇볕과 바람은 비의 흔적을 금방 지워낸다. 다만 빗속에 멈춰 있지만 않으면 된다.

따뜻한 바람과 햇볕을 맞으니 20분도 안 되어 비 맞은 흔적이 사라진다. 남들은 '언제 저 사람이 비 맞았어?' 할 수 있다. 아무도 모른다. 나는 속속들이 젖어서 춥고 아프지만, 사람들이 그럴 땐 그 상처가 엄살이나 허상처럼 느껴질까 두렵다. 하지만 허상은 아니다. 분명 신발 속에 아직 물이 질척이고 짐 속 어딘가 깊이 물이 배어들었을지 모른다. 바람을 쐬도 그 물기는 쉽게 날아가지 않는다. 하지만 계속 신발을 벗었다가 신었다가를 반복하고 꽁꽁 싸맸던 짐을 풀어헤쳐서 이리저리 움직여 사용하다 보면, 어떤 물건에는 얼룩이 남아 있을 수 있지만 어느새 마른다.

상처도 계속 움직여야 아문다. 피가 나던 자리에 딱지가 앉고 딱지가 떨어진 자리엔 흉터가 남을 수 있지만, 그쯤 되면 환부를 만진다고 그게 그렇게 아프지는 않게 된다. 그렇게 될 때까지는 주저앉지 않아야 한다. 달릴 수 없다면 걷고 그것도 힘들다면 잠시 서서 다리를 쉬더라도 걷기를 멈춰서는 안 된다.

길을 벗어나 어디로

나는 그날 비구름을 빠져나온 뒤에도 한참을 속도를 줄이고 천천히 달렸다. 비에 젖은 나를 바람에 말리며 가끔씩 하늘도 보고 길가의 풍경도 바라보며 여유를 가지고 달렸다. 비구름을 헤치고 나온 많다. 타국에서 어떤 어른, 어떤 아이에게서 내 모습을 본다는 건, 사람이 사는 방식은 저마다 다르지만 기본적인 욕구는 같기 때문일 것이다. 생각해보면 평범한 보통 사람들이 충족되길 바라는 삶의 조건은 단순하다. 건강한 가족, 내가 일한 대가를 받을 수 있는 일자리, 의식주 걱정하지 않고 사는 것. 그런데도 이것조차 이루기 힘든 꿈이 되어 평생 고단한 삶을 이어가는 사람들은 여전히 많다.

5장. 탐험의 여정4

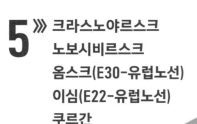

5 》》 크라스노야르스크
노보시비르스크
옴스크(E30-유럽노선)
이심(E22-유럽노선)
쿠르간
첼랴빈스크

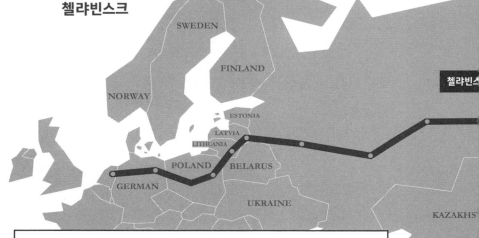

SWEDEN
FINLAND
NORWAY
ESTONIA
LATVIA
LITHUANIA
POLAND
BELARUS
GERMAN
UKRAINE
KAZAKHS
첼랴빈스

- p254, 이르티쉬 연방고속도로 (노보시비르스크 - 옴스크 - 첼랴빈스크)

Екатеринбург Тюмень
Челябинск Омск Новосибирск
Нур-Султан
(Астана)

- 유럽도로
  1. E30 (옴스크 - 이심 - 쿠르간 - 첼랴빈스크 - 우파 - 사마라 - 랴잔
     - 모스크바 - 민스크 - 바르샤바 - 베를린 - 로테르담 - 런던 - 코르크)
  2. E22 (이심 - 예카테린부르크 - 페름 - 카잔 - 니즈니 - 노브고라드
     - 모스크바 - 리가 - 말뫼 - 함부르크 - 암스테르담 - 맨체스터 - 홀리헤드)

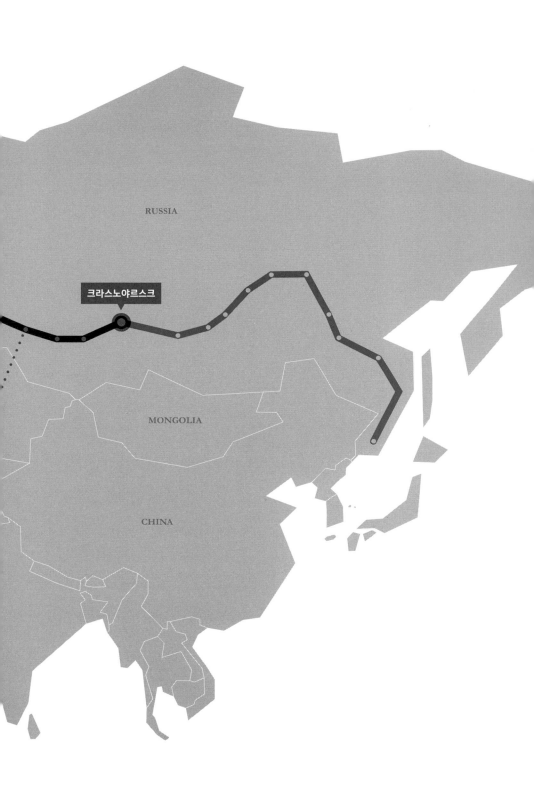

물과 불의
거대한 시그널

6시에 일어났다. 잠을 잤는데도 두통으로 눈이 빠질 것처럼 아프지만 성경을 읽고 기도하고 움직이기 시작했다. 모터바이크 위의 짐들을 하나하나 고정하고 시동을 걸었다. 그 순간 도심을 빠져나가기 위해서 켜야 할 네비게이션이 바닥에 떨어져 액정이 깨져버렸다.

서쪽으로 갈수록 러시아의 도시들은 그 규모가 더 커진다. 낯선 여행자에게 커다란 도시는 하나의 미로이다. 네비게이션은 도심 한복판 그리고 아파트 단지 안에 숨어 있는 자그마한 숙소 앞까지 데려다준다. 시베리아의 대도시 노보시비르스크를 빠져나가기 위해 짐을 꾸리고 난 뒤 마지막으로 설치하던 네비게이션이 땅에 떨어졌다. 순간적으로 일어난 일이지만 액정이 깨지고 지도가 화면에서 사

깨져버린 네비게이션 액정.
지도도 사라져버렸다.

라져버렸다. 스마트폰 안에 수많은 어플이 설치되면서 네비게이션
이라는 기계는 시장에서 퇴출되고 있는 중이다. 하지만 모터바이크
를 타고 대륙을 횡단하는 나에게는 인터넷이 연결되지 않는 곳에서
도 길 안내가 가능한 전용기계가 필요하다. 나는 이 기계를 도심 안
으로 들어가거나 빠져나올 때에만 사용한다.

걸으면 도시에 대한 이해도 훨씬 높아진다. 그렇게 걸어 다니며
위치를 기억한 통신회사를 모터바이크를 타고 찾아갔다. 인터넷을
연결하고 배터리를 구입하고 네비게이션을 사기 위해 전자 상점을
찾았다. 북유럽과 구소련 지역만 적용되는 네비게이션 밖에 없었지
만 바로 구입했다.

도심을 빠져나갈 때 나는 가장 자주 바이크를 멈추길 반복한다.
내 횡단 주제에 맞는 콘텐츠가 이곳에 많이 있기 때문이다. 도심 외
곽으로부터 40km를 달리면서 이미 스무 번을 넘게 달리다 서다를

이제까지 러시아는 불이 나도 적극적으로 끄려는 노력을 안 한다. 땅이 넓으니 스스로 꺼지길 기다리는 여유가 있다. 물론 워낙 넓은 땅에 사람이 접근하기 어려운 곳에 불이 나면 진화가 어려운 점도 있을 것이다. 하지만 그런 지대에 사람도 살지 않는 곳이라면 어느 정도 타다가 꺼지고 4, 5년 후면 또다시 복원되기 때문에 그대로 두는 면도 있다. 시베리아의 이 넓은 대지는 다행히 자연 스스로 회복력을 가지고 있었다.

하지만 내가 만난 2019년의 불은 달랐다. 내가 이 지역을 벗어나기까지 열흘 동안 짙은 연기가 태양을 가려버렸다. 1,000km에 이르는 구간에서 햇볕을 볼 수 없었다. 낮인데도 어스름 저녁 같았다. 나의 주행에도 문제가 생겼다. 마스크를 구해서 쓰고 달렸지만 열흘 가까이 들이마신 연기로 목이 칼칼하고 메말랐다. 러시아에 있던 내내 뉴스는 계속되는 산불에 대해 방송하고 있었고 우리나라 뉴스에서도 보도되었다. 결국 이 화재는 두 달 가량 남한면적의 땅을 잿더미로 만들고 진화되었다. 연기가 알래스카 북서부와 캐나다까지 도달했다고 한다. 기후변화로 지표면 온도가 점점 올라가면서 불은 더 자주 나고 크게 번질 조건이 되어버린 것이다.

마스크를 쓰고 노보시비르스크로 향하는 중. 화재로 발생한 연기에 의해 1,000km 구간에서 태양이 가려져버렸다. 이 때문에 한 여름인데도 상당히 추웠다.

짧은 여름의 위기

나는 불에 타버린 숲도 안타깝지만 한편으론 조금 다른 시선에 안타까웠다. 시베리아는 겨울은 8개월, 여름은 3~4개월 정도로 짧은 편이다. 시베리아 하면 어마어마한 추위만 생각하지만, 비가 와 수량이 풍부한 여름 시베리아가 길러내는 작물, 나무, 꽃 들은 생각하는 것 이상으로 풍성하고 아름답다. 여름의 시베리아는 살아 있는 그 모든 것들이 벌이는 생육을 위한 치열한 현장이 된다. 3개월 동안 꽃을 피우고 사랑을 하고 열매를 맺어야 한다. 부지런하지 않으면 이 모든 것을 해낼 수가 없다.

러시아 사람들이 여름 시기를 살아가는 모습도 이와 비슷하다. 이들은 여름 3, 4개월 동안 자연의 일부분처럼 지내는 것처럼 보인다. 도시를 떠나 다차로 가서 농사도 짓고 낚시도 하고 수영도 하고 바이크 타고 축제도 가고 사랑도 한다. 야외활동을 할 수 있는 최적의 시간으로 허락된 여름 동안 사람들 역시 치열하게 놀고 즐기고 휴식한다.

이렇게 하루 햇볕으로도 쑥쑥 자랄 생물들이 몇날 며칠을 햇볕이 없이 지낸다는 것은 비상상황이다. 충분한 일조량이 필요한 생육 환경에 문제가 생겨 1년 농사를 망칠 수도 있다. 긴 겨울, 긴 추위를 견디며 간절히 기다려왔을 짧은 여름의 태양이 오랜 시간 사라졌다는 것은 자연에겐 엄청난 충격이었을 것이다. 나무뿐만 아니라 1,000km 구간의 모든 살아 있는 생물들이 이 화재로 보이는 곳에서든 보이지 않는 곳에서든 악영향을 받았을 것이다.

타이가림의 수난시대

러시아를 떠올리면 하얀 나무껍질이 햇볕에 두드러져 보이는 자작나무 숲을 말이나 마차가 달리는 장면이 생각난다. 열차를 탄 창밖으로 멀리 보이는 자작나무 숲도 떠오른다. 문학적 상상력이든 영화에서 본 장면이든 러시아 하면 대표적으로 떠오르는 나무가 자작나무다.

2004년 모스크바에 있을 때 한국 방송 채널에서 '러시아에서 기회를 만들어가는 한국인' 특집을 한 적이 있었다. 그때 상트페테르부르크에 있는 영화감독 지망생과 모스크바에 있던 나, 그리고 블라디보스토크의 목재 사업가, 이렇게 세 사람을 소개했다. 그 당시 시베리아의 나무를 벌목하는 현장에서 있던 그 사업가를 소개했을 때만 해도 크게 문제가 없었을 때다. 넓은 땅에 엄청난 숲이 있는 나라이고 그때만 해도 기후변화로 인한 나무들의 수난을 알아차릴 수 없었기 때문이다.

2019년 시베리아를 횡단하면서 오래전 그 프로그램이 생각났다. 요즘은 무분별한 벌목은 물론이고 강물의 범람 혹은 집중호우로 인해 늪지가 되어버린 숲에서 나무들이 몰살당하는 상황이다. 나무 주변이 물에 잠겨 아랫부분은 검게 변해가고 윗부분은 서서히 시들듯 죽어간다. 우리 눈에 보기 좋은 자작나무의 현실은 시베리아에서 만만하지 않다. 한 그루의 나무로 자라기 위해 겨울의 혹한과 불과 강풍과 홍수와 번개를 감당해야 한다. 어마어마하게 이루어지고 있는 벌목도 운이 좋게 피해야만 된다.

크라스노야르스크 지방, 남쪽에 있는 에르가키Ergaki 자연공원을 사진으로 기록하는 바실리 보그단이라는 작가를 SNS를 통해서 알게 되었다. 나와 업무협약도 맺은 그는 에르가키를 트레킹 하려는 사람들을 십여 명씩 모아 며칠씩 가이드를 해주며 산다. 이 자연공원이 경치가 좋고 아름다우니까 개발 붐이 일었다. 관광지 개발 명목으로 엄청난 벌목이 이루어졌다. 바실리 보그단은 내게 국가에서 보호해야 할 곳을 국가가 훼손하고 있다고 목소리를 높였다.

크라스노야르스크를 떠나 유럽을 향해 달리고 있을 때 그가 국가를 상대로 1인 시위를 시작했다는 걸 알게 됐다. 계란으로 바

●
홍수로 인한 강물의 범람 혹은 집중호우로 인해 늪지가 되어버린 숲의 나무들은 몰살당하게 된다.

위를 치고 있는 것 같지만 에르가키를 그토록 사랑했던 그는 그렇게라도 하지 않으면 견딜 수 없었을지 모른다. 러시아는 국가시책으로 정해지면 철회하거나 유예하는 일이 거의 없기 때문에 그의 마음이 손에 잡힐 듯 안타깝다.

인간의 손에 의해 시베리아에서 발생하고 있는 대규모의 벌목과 화재로 입게 되는 상처는 회복률이 점차 낮아지고 있다. 사실 이런 일이 매일 반복되어도 그동안 러시아 사람들은 우리는 땅이 넓어서 이 정도는 괜찮아라고 생각하는 쪽에 가까웠다. 사실 우리도 시베리아 숲이 불타는 게 우리랑 무슨 상관이냐고 생각하는 사람들이 더

많을 수 있다.

그런데 북극으로부터 한반도로 불어오는 찬 바람을 막고 있는 것이 시베리아의 타이가림이다. 타이가림이 사라져버리게 되면 북극의 추위가 그대로 우리에게 전해질 것이다. 지금 우리나라의 기후가 35도를 넘어가는 폭염의 여름, 삼한사온을 잃어버린 혹한의 겨울, 이렇게 두 계절로 좁혀지고 있는 것 같은 느낌이 느낌만은 아니라 코앞으로 다가왔다는 생각이 든다.

시베리아에서 일어나는 일은 우리와 밀접한 관계가 있다. 지구의 모든 존재는 서로 연결되어 있기 때문이다. 나는 시베리아에서 그 모든 생명 있는 것들의 삶을 존중하는 마음의 밀도가 높아졌다. 이곳에서 살아 있는 모든 것들은 혹독한 기후와 재해로부터 치열한 사투를 벌이며 생명을 이어가고 있었다. 바이크를 달리며 만나는 푸른 잎을 반짝이는 길가의 나무들이 더욱 기특하고 대견하게 느껴진다.

구름의 유희

시베리아에서 하늘의 구름은 내게 살아 있는 친구 같을 때가 많았다. 사실 구름은 한 번도 같은 모습이었던 적이 없는 걸 생각하면 늘 살아 움직인다는 게 맞다. 달려가는 길 끝에 모여 있는 구름들이 산맥을 이루고 있다가 버섯이 자라는 것처럼 마구 부풀어 솟아오르는 것을 눈으로 목격하는 것은 신기하고 경이롭다. 다채롭게 그것도 빠르게 형태를 바꾸는 수많은 구름들이 없었다면 내 대륙횡단의 길은 정말 지루했을 것이다. 내 시야 절반 이상이 하늘인 여정에서 구름은 정말 좋은 친구였다. 이 세상에서 나만 봤을 구름을 수없이 만나며 벅찬 감정을 느낄 때도 있었다.

하지만 그러다가도 먹구름이 층층이 겹쳐져서 내려올 때는 평온하던 주인공의 일상에 고난이 닥치기 시작하는 영화를 보는 것처럼 마음이 무겁고 긴장되기 시작한다. 대도시에서는 하늘이든 구름이든 높은 건물들이 떠받치고 있다는 느낌이 들어서인지 가까이 와있다는 생각이 별로 들지 않는데, 대평원을 가로지를 땐 하늘과 내 머리가 맞닿아 있다는 느낌이 들 때가 많다. 그만큼 비구름 층이 무겁게 내려앉을 때는 두려움이 배가 된다.

그런데 구름은 그 덩치에 비해 속도가 굉장히 빠르다. 대기가 불안정하면서 가까이 있던 구름들이 서로를 흡수하면서 세력이 커지며 쑥쑥 이동한다. 100km로 달리면 구름은 모터바이크를 따라잡는다. 머리 위로 내려앉은 먹구름의 속도를 실감한다는 것은 흔한 경험이 아니다. 여길 빠져나가지 못하면 구름에 쌓여 함께 이동하는 것처럼 보일 것이다.

먹구름 속에 들어 있는 수분이 무게를 견디지 못하고 떨어지면 쉽게 폭우가 되어 몸을 적신다. 여기에 천둥과 번개가 동반되면 이게 오래가지 않고 상황이 금방 끝난다는 것을 알면서도 영혼이 이

옴스크에서 우랄산맥을 넘어가기 위해 선택할 수 있는 도시는 첼랴빈스크와 예카테린부르크이다. 우랄산맥 중부지방으로 넘어가는 예카테린부르크로 연결되는 길은 P402노선이다. 남 우랄산맥을 선택하게 되면 첼랴빈스크와 만난다. 옴스크에서 첼랴빈스크 사이에는 카자흐스탄 영토가 들어와 있다. 아시안 하이웨이 6호선은 옴스크와 카자흐스탄의 페트로 파블롭스크 그리고 첼랴빈스크를 지나가게 된다. 이 구간을 지나기 위해서는 국경을 넘어가고 다시 들어오는 작업이 각각 두 번씩 필요하다. 시장의 시각으로 보게 되면 비효율적이다. 운전자들은 대안으로 옴스크와 이심을 거쳐 첼랴빈스크로 연결되는 새로운 이동루트를 개척했다. 유럽노선 E30도로는 옴스크에서 시작해서 이심과 첼랴빈스크를 거쳐간다. 첼랴빈스크에서 우파와 사마라, 랴잔, 모스크바까지는 M5, 우랄 연방고속도로라고 부른다. 모스크바에서 벨라루스의 민스크까지는 M1, 벨라루스 연방고속도로라고 부른다. E30, 유럽노선은 옴스크에서 시작해서 이심과 첼랴빈스크, 우랄산맥, 우파, 사마라, 랴잔, 모스크바, 민스크, 바르샤바, 베를린, 로테르담을 거쳐 아일랜드 코크에 이른다. E30 유럽노선은 아시안 하이웨이 6호선과 유럽구간을 공유한다. 다 카자흐스탄 영토만 우회해서 지나간다. 옴스크에서 첼랴빈스크까지 연결하는 P254 노선은 카자흐스탄 영토에 가로막혀 끊겨 있다.

작지만 위대한 박물관

옴스크는 인구 100만의 대도시다. 이르티쉬강 중류 유역에 있다. 노보시비르스크에서 옴스크를 지나 첼랴빈스크에 이르는 길이 이르티쉬 연방고속도로(P254)라는 명칭인 것은 여기에 이유가 있다. 옴스크는 아주 평평한 평원 위에 있고 북쪽으로는 매우 큰 늪지와 습지들이 있다. 호수도 많은데 시 외곽으론 대단위 채소 재배지가 많고 소나 양을 기르는 축산업과 낙농업이 크게 발달해 있다.

300년 이상의 전통이 있는 오래된 도시답게 색채가 아름다운 유럽풍 건물이 많다. 볼셰비키 혁명 이전까지만 해도 시베리아에서 가장 큰 도시였지만, 혁명 이후 노보시비르스크가 전략적으로 시베리아 거점도시로 성장했다.

역사적으로 옴스크는 러시아의 대문호 도스토예프스키가 정치범으로 4년간 유폐되었던 유형지로 지나칠 수 없는 이야기를 가지고 있다. 1846년 첫 소설 《가난한 사람들》을 발표하며 단숨에 주목을 받았던 청년 도스토예프스키는 그러나 사회개혁을 꿈꾸고 자유사상에 물들었던 지식인들의 독서 모임에 참여했다는 이유로 체포되었다. 1850년 1월 차르 니콜라이 1세의 명령으로 페테르부르크에서 3,200km 떨어진 옴스크에 덮개도 없는 마차에 실려서 왔다. 그는 4년의 형기를 마치고 6년의 사병 복무를 했다.

한창 왕성하게 활동해야 할 젊은 작가는 청춘의 10년을 송두리째 빼앗기고 작가로서 공백이 생기게 되는데, 그것이 공백이 아니었음은 훗날 이어지는 작품들에서 드러난다. 거대한 막사 안에서 정치범부터 잡범에 이르기까지 200여 명이 함께 생활하는 가운데 귀족이었던 그가 지옥과 같은 사건을 경험하고 수많은 인물 군상을 만나며 궁극적 인간탐구에 이르는 소설을 쓰는 바탕이 되었다.《카라마조프의 형제들》,《악령》,《죄와 벌》 같은 작품의 씨앗들이 모두 이옴스크에서 잉태되었다고 한다.

●
레닌거리를 따라 옴스크의 중심가가 이어진다.

옴스크 드라마 극장이 있는 곳이 예전 요새 감옥이 있던 곳으로 추정된다. 러시아문학 테마여행을 하려는 여행자가 있다면 옴스크는 섭섭지 않은 박물관을 선물할 것이다. 옴스크 주립 도스토예프스키 문학기념관은 2019년 당시 횡단할 때만 해도 유수의 여행사이트에서도 소개되지 않은 박물관이었다.

"도스토예프스키 박물관은 상트페테르부르크에 있지 않아요?"

맞다. 이미 상트페테르부르크에 훌륭한 도스토예프스키 박물관이 있기 때문에 옴스크를 가보지 않은 러시아 사람 중에는 이 박물관을 잘 모르는 사람도 있다. 그래서 그렇게 질문할 수도 있다.

● 한 사람이 세계에 끼칠 수 있는 영향력에 대해 생각해본다. 옴스크의 도스토예프스키 동상

옴스크의 기념관은 그가 수인의 몸으로 살았던 곳에 남은 자취라는 점에서 규모는 작지만 남다른 의미로 다가올 수 있다. 도스토예프스키에게 10루블 지폐가 든 성경책을 선물한 데카브리스트의 부인들 이야기와 노역에서 돌아오는 그를 향해 동전을 내밀며 "불행한 아저씨, 그리스도를 위해 이 동전을 받으세요"라고 했다는 어린 소녀의 이야기가 담겨 있는 그림이 인상적이다. 불행한 작가는 이후 더 불행한 사람들의 이야기를 쓰기 시작했다.

경계를 넘고 국경을 넘어

나는 보통 도시에 들어서면 크게 두 가지 일을 먼저 한다. 기차역과 버스터미널을 찾는다. 기차역은 구도심의 역사와 함께한다. 버스터미널은 새로운 흐름으로 변화가 많다. 대륙횡단도로가 만들어지고 도로의 포장률이 높아지면서 터미널이 활발해지고 있다. 11개의 시차를 가진 러시아는 여러 개의 나라와 국경을 마주하고 있기 때문에 국경을 넘나드는 버스들도 많다.

터미널에서는 해당되는 주나 지방의 도시와 시골을 연결하는 노선과 다른 나라로 연결되는 국제버스 노선도 자료화한다. 버스터미널과 역으로 이동하기 위해 사용하는 이동수단은 트람바이(노상 전철)와 마르쉬트카(마을버스)와 메트로(지하철)이다.

러시아 옴스크에서 키르기스스탄
비슈케크 가는 국제버스

   옴스크 버스터미널은 신도심의 외곽에 있는 신축 건물이었는데 2019년 7월 29일 당시 곧 오픈을 앞두고 있었다. 역과 서커스장, 레닌 광장 등은 구도심의 키워드이다. 도시가 확장되면서 새로 조성된 신도심에는 대형마트와 다국적기업들이 자리 잡고 있다.

   국경을 넘어가는 국제버스 노선도 체크해보았다. 이것이 자료화되면 대륙을 횡단하는 간선도로 외에도 유라시아 대륙 전체를 연결하는 모세혈관(지선)에 대한 정보를 얻을 수 있다. 신용카드 한 장과 스마트폰만으로도 유라시아 대륙의 스텝과 타이가 그리고 툰드라지대의 깊숙한 곳까지 경험해볼 수 있게 된다. 그러나 옴스크를 중심으로 거미줄처럼 연결된 많은 노선들은 아직 다듬어야 할 부분들이 많다. 어느 누구에게는 이러한 것들이 기회가 될 것이다.

11개의 시차를 가지고 있는 러시아. 1,000km 단위로 간선도로를 따라 도시들을
세웠다. 역참과 같은 역할을 하는 도시를 중심으로 거미줄같은 지선들이 퍼져 있
다. 간선과 지선은 국경을 넘어간다. 길은 세계와 소통하기 위한 네트워크이다.

바꾸어 생각할 수 있다.

두 주유소

러시아를 이루고 있는 85개 연방 주체는 자원 독점사업권을 가지고 있다. 부랴트 지역이 목재가 많이 나면 목재에 대한 사업관리권은 일반적으로 부랴티야공화국에 있다. 그래서 주유소 브랜드도 지방마다 다르다. 그런데 주유소도 운영을 하는 천연가스 기업 '가즈프롬'은 국영기업으로 연방정부에서 관리하고 있다. 높은 옥탄가의 휘발유를 시장에 내놓았다. 우리나라 주유소의 프리미엄 휘발유 같은 것이다. 옥탄가 100을 넣으면 바이크가 속도를 낼 때도 힘이 좋은데, 이 때문에 돈 있는 사람들은 가즈프롬을 찾는다. 그래서 지방정부는 가즈프롬이 운영하는 주유소가 전국에 퍼지는 걸 경계한다. 아직 시베리아 쪽은 이르쿠츠크 지역까지 몇 개씩만 있다.

그런데 부유한 국영기업 가즈프롬의 주유소는 시설이 별로 기대할 게 없다. 계산대가 있는 건물 안의 공간에 상점만을 운영할 뿐이다. 다른 주유소는 숙소와 상점, 사우나와 정비소, 식당업자들과 협업을 통해 적극적으로 고객들의 필요를 채워주고 있지만 가즈프롬은 이런 복합시설을 세우는 데는 관심이 없었다.

그런데 그런 가즈프롬에게 새로운 경쟁자가 나타났다. 네덜란드

기업 쉘Shell의 등장이다.

쉘은 가즈프롬과 달리 깨끗한 시설, 최고급 서비스, 정직한 주유량으로 서서히 입지를 넓혀가고 있다. 비싸지만 부유한 사람들이 가는데 가즈프롬은 고객을 뺏기게 되어 쉘을 의식하지 않을 수 없었다. 사실 옥탄가 100도 쉘 때문에 생긴 것인데 그것만으로는 소비자를 만족시킬 수 없었다. 가즈프롬은 전에 없이 화장실을 개선하고 유럽의 주유소를 벤치마킹했지만 쉘로 가는 발걸음을 얼마나 되돌릴 수 있을지는 미지수다. 그리고 경쟁자는 언제든지 또 나타날 수 있다. 현재까지 가즈프롬은 러시아 최대의 자원기업이다.

노보시비르스크에서 처음 만난 외국계기업, 쉘 주유소는 듀카티 모터바이크와 협업체제를 구축했다. 칸스크에서 처음 만난 러시아 국영기업, 가즈프롬의 옥탄가 100짜리 휘발류

쉬어가라 하는 몸

나는 달리는 모터바이크 위에서 세 가지 일을 할 수 있다. 하나는 헬멧 쉴드와 눈앞의 투명 바람막이에 소나기처럼 쏟아져 내리는 벌레의 잔해를 한 손으로 닦아내면서 달리는 일이다. 다른 하나는 달리는 모터바이크 위에서 사진을 찍은 일이다. 마지막은 달리면서 동시에 무엇인가를 꺼내 먹는 일이다.

이 모든 행위는 이동거리를 늘리기 위해서 이루어진다. 자료를 만들기 위해서 달리고 멈추는 행위를 반복하게 되면 하루의 이동거리가 늘어나지 않는다. 화장지와 헝겊을 번갈아 사용하여 헬멧 쉴드와 바이크에 달린 바람막이 창을 닦으면서 달리는 내 모습이 맞은 편에서 차를 타고 달려오는 사람 눈에는 어떻게 보일까 하는 생각을

차량의 속도가 빨라지면 날아오는 벌레들이 피하지 못하고 부딪히게 된다. 이 사체 중에는 목숨을 두려워하지 않는 전투력을 가진 말파리도 있을 것이다.

몇 번 해보았다. 우습지만 그 생각을 하면서 나는 이런 마음이 되어버린다.

"나 아직 죽지 않았어! 살아 있다고!"

평원에서 폐소공포증

조급한 마음을 갖는 순간, 나는 이 끝없는 길 위에 그대로 갇혀버리게 된다. 1996년, 처음 유라시아를 횡단할 때는 이것을 알지 못했다. 사방이 트여 있고 길은 끝이 없이 펼쳐져 있었지만 나는 압박감에 숨을 제대로 쉴 수가 없었다.

유라시아 대륙의 길은 단조롭다. 타이가, 스텝, 툰트라 그 모든 기후가 있다고 하지만 현실은 끝도 없는 길이다. 우리나라는 언덕도 있고 구불거리는 길도 있고 자주 마을과 집이 나타나지만 시베리아는 평원으로 변화없이 단조로운 길이 대부분이다. 이틀을 달려도 평야다. "이리로 와봐!" 해서 달려가면 길은 끊임없이 "다시 와! 다시 와!" 하며 나를 채찍질하는 것 같다. 권투선수가 상대를 KO 시켰는데 그 선수가 끝없이 다시 일어나는 것 같은 느낌이다. 내 바이크 속도는 생각의 속도와 비슷하다. '저기까지 가자' 생각하며 핸들을 당기면 생각한 곳까지 순식간에 달려나간다. 이렇게 성능 좋은 바이크를 탔지만 끝없는 길 앞에서 내 존재는 점점 사라지는 기분이 들었다.

사방이 탁 트인 평원을 달리면서도 갇힌 것 같은 폐소공포증에 시달리고, 밤에는 길을 빠져나가는 문을 못 찾는 악몽에 시달리기도 한다. 영원히 이 길에서 빠져나가지 못할 것 같은 압박감이 가슴에 통증을 일으키기도 한다. 이러다가 바이크의 손잡이를 잡은 손이 스르르 풀릴 것 같아서 "정신 바짝 차려!" 소리도 질러보지만 조여드는 듯한 통증은 쉬이 가라앉지 않는다.

잠시 바이크를 멈추고 사진을 찍으며 마음을 진정시켜보려고 했다. 폴란드에서 온 바이커가 지나가다가 속도를 줄이더니 내게로 되돌아왔다. 잠깐 반갑게 인사를 나누고 그는 번개처럼 다시 달려서 사라진다. 그 순간 나는 다시 이 길에게 붙잡힌 포로가 된 것 같았다. 아득했다.

아무것도 못할 것 같았지만 할 일은 하나밖에 없었다. 바이크에 시동을 걸고 나는 움직이기 시작했다. 서서히 달려나갔다. 그러나 대류에서는 이렇게 달려서는 안 된다. 그러면 이 길 위를 정말로 벗어나지 못한다. 다시 두통이 심하게 몰려왔다. 다시 길가에 섰다. 멈추는 순간 벌레들의 공격이 시작된다. 판단력을 되찾기 위해 몇 번인가 허공에 대고 소리를 크게 질렀다. 그리고 이른 아침에 본 성경말씀 한 구절을 반복해서 내 귀에 들려주었다. 그리고 150km를 달렸다.

길가에서 주유소를 만났다. 주유도 하지 않고 주유소 안의 상점에 앉았다. 달릴 때도 멈출 때도 무엇인가를 해야 한다는 압박감이 지속되는 날이었다. 나는 많이 지쳐 있다는 것을 알고 있다.

●
폴란드에서 온 모터바이커 다니엘은 지구의 배꼽, 바이칼호수까지 달려갔다가 되돌아오는 것이 목표이다. '시동을 걸면 총알같은 속도로 출발하고 기름이 떨어질 때까지 쉬지 않고 달린다'가 대륙의 끝없는 길을 감당하는 일반적인 자세이다. 통성명만 하고 바로 모터바이크 위로 오르는 다니엘

트레킹에서 만난 사람들

자전거와 달리 모터바이크를 오래 타면 다리에 힘이 떨어지는 것을 느낀다. 횡단 중간에 적당한 곳에서 트레킹을 하는 이유도 걸어야 다리에 힘이 생기기 때문이다.

크라스노야르스크에 머물 때도 스톨비Stolby 자연공원에서 트레킹을 했다. 호스텔은 다양한 사람들을 만날 수 있는 여행자 숙소가 되기도 하는데, 여기서 만난 알료나, 율리아나, 알렉세이, 이스마일과 함께 스톨비 자연공원 트레킹에 나섰다. 18세 소녀 알료나는 고등학교 마지막 학기를 마치고 엄마와 함께 여행을 왔다.

직장인 율리아나는 노보시비르스크에서 몽골로 이어지는 길목에 있는 바르나울에서 왔다. 여름휴가를 이용해 바이칼호수에 다녀오는 여행에 나섰는데, 혼자서 자신이 살고 있는 지역 밖으로 나와보는 경험은 처음이라고 했다. 바르나울은 알타이산을 곁에 두고 있는 곳이다. 알타이지역은 산이 많고 무척 아름다운 곳인데, 내 유전자의 흔적이 있는 곳 같아서 정이 간다.

타타르인 알렉세이는 카잔에서 왔다. 원유와 관련된 일을 하는 그는 크라스노야르스크 지방의 타이가 지대로 출장을 가기 위해 이 도시에 들렀다고 했다. 오지이자 습지인 타이가 지대에 접근할 수 있는 이동수단은 비행기뿐이라 일주일에 한 번 뜨는 걸 타야 한다고 했다.

이곳이 맛과 가격, 분위기까지 모두 갖추어져 있는 이유는 청소년 이용시설이기 때문이다. 아크로쉬카는 러시아인이 여름철에 애용하는 수프이다. 발효음료인 크바스(Kvas)에 양파와 오이, 고기, 햄, 달걀, 허브, 샤워크림 등을 첨가해 먹는다.

6장. 탐험의 여정5

6 ≫ 첼랴빈스크
우랄산맥
우파
카잔
모스크바

- M5, 우랄 연방고속도로 (첼랴빈스크 - 우랄산맥 - 우파 - 사마라 - 랴반 - 모스크바)
  : 우랄 연방고속도로는 유럽노선, E30과 구간을 공유한다

- M7, 볼가 연방고속도로 (우파- 카잔- 니즈니 노브고라드- 모스크바)
  : 카잔에서 모스크바까지 M7 볼가 연방고속도로는 유럽노선, E22와 구간을 공유한다

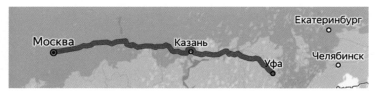

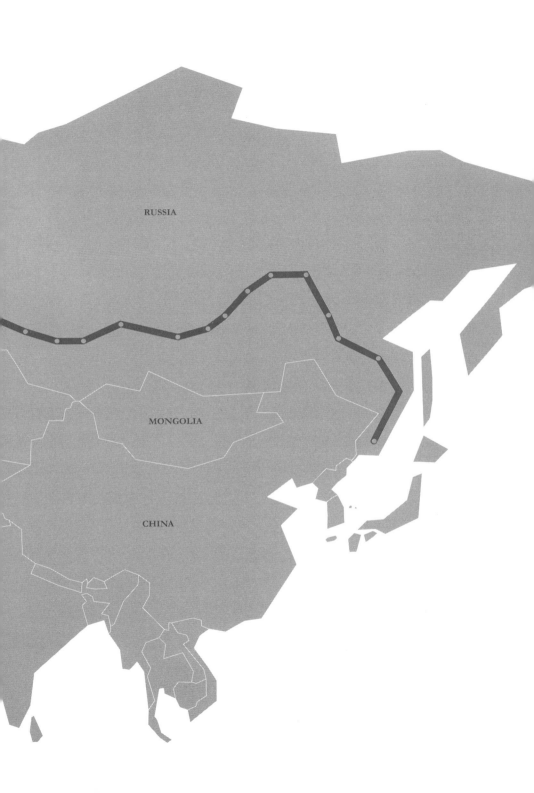

RUSSIA

MONGOLIA

CHINA

강한 기운의 도시

첼랴빈스크는 처음부터 큰 도시는 아니었다. 본래는 작은 도시였는데 1896년, 시베리아 횡단열차가 지나는 예카테린부르크와 연결되면서 첼랴빈스크도 시베리아 개발 거점 도시로 부상했다. 2차 세계대전이 본격화된 1941년 말부터 독일군의 손길이 미치지 못하는 동쪽으로 군수 공장들을 옮기기 시작했다. 러시아에서 우랄산맥을 넘는다는 것은 비밀과의 만남이다. 스탈린의 지시로 새로운 산업과 수천 명의 노동자들이 이 도시로 유입되었다. 이때 첼랴빈스크는 '탱크시'라는 별칭을 얻었다.

방사능 오염사고로 인해 지구에서 가장 오염된 장소 중의 하나가 첼랴빈스크주에 있다. 냉각탑과 높이 솟은 굴뚝을 보고 이 도시의 규모를 알 수 있다.

최악의 불행을 피한 도시

2013년 2월 15일. 첼랴빈스크 상공에 귀를 찢는 듯한 굉음이 들렸다. 그와 함께 건물이 흔들리고 유리창이 깨지고 천장이 내려앉았다. 그 파편으로 천여 명의 사람들이 다쳤다. 건물 안에 있던 사람들은 무슨 일인가 했지만 쉽게 정체를 알 수 없었다. 나중에 보니 우주로부터 떨어진 운석이 우랄산맥 동쪽으로 떨어지다가 30km 상공에서 폭발했다고 한다.

폭발력은 히로시마 원자폭탄의 20배가 넘는다고 한다. 100km

진 이 도시에는 '보스토치니 우주기지'가 들어서 있다. 도시의 존재를 드러내지 않기 위해서 공식명칭을 '스보보드니-18'로 사용한다. 인근에 있는 스보보드니(자유)시와는 45km 거리에 떨어져 있다. 소련시절 아무르주의 치올콥스키로 가는 모든 우편물 사서함에는 '스보보드니-18'로 써야 했다. 소련 해체 이후 외국인에게 개방된 블라디보스토크도 소련 태평양 함대가 있던 폐쇄도시였다.

속죄하는 과학자

우리에겐 쿠르차토프와 함께 원자폭탄과 수소폭탄 작업에 참여한 안드레이 사하로프가 조금 더 친숙한 인물이다. '수소폭탄의 아버지'로 불렸던 그는 핵실험에 따른 방사능 오염의 현장을 목격하면서 반체제, 반핵, 인권 활동으로 소련 당국과 갈등했다. 모든 명예를 박탈당하고 가택연금을 당하는 등 소련의 적극적 반체제인사로 서방 세계에서도 유명해지며 노벨평화상을 받았다. '소련이 아끼는 핵물리학자'와 '소련의 미움을 받는 반체제인사'라는 두 개의 삶 사이에서 소련의 핵개발과 인권이라는 두 분야에서 큰 족적을 남겼다.

1945년 8월 일본에 떨어진 두 개의 원자폭탄을 만든 미국의 핵물리학자 로버트 오펜하이머도 사하로프와 비슷한 길을 걸었다. 인류의 평화를 위해 핵무기를 만들었다고 한 자신의 과학적 오류를 수정하고, 인류에 속죄하기 위하여 남은 생을 자신의 모든 것을 잃어가며 대량 살상 핵무기 개발에 반대하는 삶을 살았다.

은은한 조명을 받으며 우뚝 서 있는 쿠르차토프의 동상을 바라보며 과학자들이 핵무기의 가공할 위력보다 그로 인한 가공할 인류의 피해를 한 발 더 들어가 살폈더라면, 처음부터 권력에 굴하지 않았더라면 어땠을까 생각한다. 권력과 정치는 목적을 달성하기 위해 잔인한 길로 걷는 것에 주저함이 없지만, 과학자의 양심은 되돌릴 수 없었지만 더 나아가지 않은 선한 끝이 있었다. 자책하고 잘못을 인정하고 이를 속죄할 방향으로 나아가는 삶은 험난했지만 기꺼이 받아들였다.

소련이 무너진 지 30년이 넘었고 쿠르차토프 동상 옆에서는 빵빵하게 음악을 켜놓은 학생들이 웃으며 어울린다. 문득 저 학생들은 쿠르차토프를 어떻게 생각할까 궁금해졌다. 밤이 되면 쿠르차토프 동상의 배경이 되는 조형물에서 원자핵 분열이 일어나는 것을 볼 수 있다.

산맥보다 더 높은
장벽을 넘어

2019년 8월 6일 오후 12시 30분. 우랄산맥을 넘기 전에 얀덱스 어플에서 일기예보를 체크했다. 내가 달려가야 할 방향인 나베레즈 니예 첼니로부터 두툼한 비구름대가 세력을 키우며 이동해오고 있었다.

우랄산맥 동쪽에서 서쪽으로 넘어갈 때는 두 가지 길이 있다. 예카테린부르크에서 출발하면 우랄산맥의 중앙구간을 넘어 페름이라는 도시에 닿게 된다. 첼랴빈스크에서 출발하면 우랄산맥 남쪽 구간을 넘어 우파라는 도시에 닿는다. 페름과 우파는 러시아에서 유럽의 시작이라고 본다. 예카테린부르크-우랄산맥-페름 구간(E22, 유럽노선)은 이미 자료화가 되었기 때문에, 2019년에는 우랄산맥 남쪽 구간을 선택했다.

　첼랴빈스크에서 우랄산맥 남쪽을 넘어 우파까지 가는 구간(M5 혹은 AH6, E30 노선)은 400km쯤 된다. 우파는 오후 1시부터 7시까지 비가 내리는 것으로 예보되어 있는데, 정오를 넘겨 출발하는 이유는 동쪽으로 이동 중인 비구름의 속도를 예측해보니 우랄산맥에서 하룻밤을 보낼 준비를 하는 것이 좋겠다는 판단을 했기 때문이다.

　2014년에는 우랄산맥을 넘으면서 첫눈을 경험했다. 그것도 한여름인 7월 31일이었다. 1996년부터 인연을 맺은 우랄산맥은 늘 내

● 첼랴빈스크의 숙소, '햇살이 가득한' 방에서 함께 이틀을 보낸 친구와 이렇게 이별인사를 나누었다. '러시아'라는 글자를 자신의 옷에 붙이고 다니는 사람들이 러시아에는 많다.

게 추운 느낌으로 남아 있다. 그래서 첼랴빈스크에 2박 3일을 머물면서 음식에 신경을 썼다. 짧은 기간이었지만 추울 것에 대비해서 칼로리가 높은 음식을 몸에 저장한다고 생각하고 먹었다.

　출발하기 전에 함께 방을 사용하고 있는 학생에게 펜싱 칼을 들고 한 번만 자세를 취해달라고 부탁했다. 어색한 듯 칼을 뽑아 든 학생이 귀여워 사진을 한 장 찍고 작별 인사

를 했다. 이곳은 2박 3일 동안 아주 만족스러운 숙소였다. 잘 쉬었다가 간다.

모터바이크 위에 짐을 하나씩 묶어 올려갔다. 짐은 4개의 뭉치로 정리했다. 가슴 앞쪽으로 메고 다니는 작은 배낭까지 하면 5개다. 시동을 걸고 헬멧을 쓴 머리를 들어올렸다. 푸른 하늘에 하얀 구름이 눈에 들어온다. 도시로 들어왔던 길을 이어받아 앞으로 달려갔다. 내비게이션의 표시를 따라 왼편으로 방향을 돌렸다.

우랄산맥을 처음 넘던 때

나는 이 어감도 독특한 '우랄Ural'산맥을 처음 넘던 1996년 청년 시절의 내 모습을 잊을 수가 없다. 나는 우리가 우랄 알타이계의 민족이라고 어릴 때 배웠다. 이 북방계 민족이 한반도 쪽으로 내려와 살게 되면서 우리 민족으로 뿌리내리게 되었다는 것이다. 우리 민족의 기원이 여기 살던 사람들이 유입되어 자리 잡았다는 생각은 나를 좀 흥분시켰던 것 같다. 좀 잘못 알고 있긴 했지만 그때는 우리 민족의 조상들이 우랄산맥까지 삶의 터전을 이루고 살았다고 생각했다.

그래서였을까. 우랄산맥을 넘기 전, 내 존재 안에 들어 있는 북방 유전자가 이 우랄산맥을 벗어난다고 생각하니 이상한 두려움이 생

맑고 푸른 하늘. 첼랴빈스크와 바시키르공화국의 수도 우파 사이에 남 우랄산맥
이 들어와 있다. 두 도시 간의 거리는 421km이다. 이곳으로부터 59km 거리에
있는 도시, 미아스로부터 우랄산맥이 본격적으로 시작된다.

졌다. 민족이 살아가던 터전 그 이상을 벗어나기 위해 나는 드디어
이 어마어마한 산맥을 넘어야 하는구나 생각하니 미세한 불안감으
로 마음이 흔들렸다.

　길을 떠나 오기 전 집은 익숙하고 안정된 공간이다. 가족들과 나
를 둘러싼 사회공동체가 있는 익숙한 공간이고 예측 가능한 공간이
다. 하지만 길은 불편하고 낯선 공간이다. 그래서 과거에 교통이 발
달하기 전, 먼 길을 떠나면서 집 쪽을 자꾸 바라보게 되는 것은 자
연스러운 마음의 움직임이었을 것이다. 무사히 잘 돌아올 곳, 안 잊
고 다시 돌아올 곳이라는 의미도 포함되어 있다.

나도 우랄산맥에 가까이 가기까지 계속 뒤를 돌아보게 되었다. 크라스노야르스크에서 집 쪽을 바라본다고 집이 보일 리 없지만, 심리적으로 계속 내가 왔던 곳을 되돌아보았던 것 같다. 가야 할 앞길에는 한 번도 경험해보지 못한 세계가 있고, 내가 걸어온 길 뒤쪽은 내가 경험하고 익숙하게 여기는 안정된 공간이기 때문에 늘 그쪽으로 마음의 눈이 돌아갔다.

무너진 경계선

그런데, 우랄산맥은 충격적일 정도로 쉽게 넘었다. 해발 200m, 좀 높아야 400m 저지대 구릉을 넘는 것이었다. 우리나라 웬만한 재(고개)를 하나 넘는 정도였다. 설악산의 미시령과 한계령이 해발 800에서 1,000m 사이의 높이인 걸 감안하면, 허탈함을 넘어 그렇게 오래도록 걱정하고 두려워했던 게 민망할 정도였다.

우랄산맥을 그냥 말로만 듣고 지도에서만 본 것만으론 뭔가 어렵고 위험하고 엄청난 일로 내 머리에 고정되어 있었다. '우랄'이라는 발음까지도 뭔가 선입견에 한몫하면서 장벽을 높였던 것 같다.

'우랄산맥? 유럽과 아시아를 나누는 산맥이라잖아.'

'바이크 타고 넘는 게 가능한가?'

경계를 넘는다는 것은 지리적 경계를 넘어서 심리적 경계까지 뛰지만 충격은 컸다. 신께 감사함을 고백했지만 좀 더 주의를 기울이지 못했다는 생각에 여러 가지 우울한 감정들이 몰려왔다.

몇 km를 더 달려나가자 비구름지대를 벗어나게 되었다. 지나온 구간에 대한 정리를 간단히 메모하고 바이크를 다시 움직였다. 강한 비바람으로 비옷을 입었는데도 온몸이 젖었고 신발 속은 빗물로 가득 차 있었다. 급속도로 추위와 피곤이 몰려오기 시작했다.

슬로건 변천사

그때 '유류잔Yuryuzan'이라는 표지판이 들어왔다. 첼랴빈스크로부터 241km 거리, 우랄산맥의 한가운데 있는 인구 1만 명 정도의 작은 도시로 어둠이 빨리 찾아온다. 사람이 살고 있는 도시로는 15km 정도 더 들어가야 한다. 마을로 들어서는 입구 주변에는 화물차 운전자들을 대상으로 하는 상점과 정비소, 트럭정류장 등이 몰려 있었다. 하나뿐이어서 선택의 여지가 없는 낡은 숙소로 들어갔다. 숙소 주인에게 따뜻한 물이 나오는지를 먼저 물어보았다. 비에 젖어 무거워진 짐들을 매고 이층으로 연결된 나무 계단을 올라갔다. 저녁 6시 40분이었다.

모든 사고는 한순간이다. 특히 모터바이크 사고는 더욱 심각한 결과를 만들어낸다. 열악한 환경에서 많은 사연을 가지고 시작하게 된

유류잔은 우랄산맥 한가운데 있는 작은 도시이다. 첼랴빈스크로부터 190km 거리이다.

대륙횡단의 여정을 한순간에 날릴 수는 없다. 1996년 첫 대륙횡단에서는 "도전할 만한 가치가 있다면 3%의 가능성에도 뛰어든다"가 나의 슬로건이었다. 그리고 섣부른 선택에 따른 책임을 혹독하게 졌다. 새로운 길에는 수많은 장벽들이 나를 기다리고 있었다.

2014년 횡단부터는 "준비되지 않으면 한 발자국도 앞으로 나가지 않는다"로 바꿨다. 대륙의 끝없는 길을 마음껏 달려보기 위해 찾았지만 그 길이 나에게 가르쳐준 것은 바싹 엎드리는 것이었다. 러시아어도 모르고 정비할 줄도 모르는 내가 했다면 그 누구도 할 수 있다고 말해왔지만 이 없이 잇몸만 가지고 이 땅을 헤집고 돌아다닌 셈이다.

오랜 시간 잇몸으로 대륙의 길을 감당하는 방법을 배워갔다. 방법은 오직 준비, 준비뿐이었다. 그렇게 하고도 예측 불가능한 3%가 있다. 2017년까지 나는 내 일에 대해 "97%의 준비로 3%의 예측 불가능에 도전하는 것"이라고 말했다.

불과 두 시간 만에 나의 모든 경험과 준비물들을 무기력화시킨 우랄산맥. 심리적 경계선이 무너졌다고 그게 만만함을 의미하는 건 아니다. 길은 평원의 곧은 길이든 산길이든 언제나 마음의 긴장까지는 풀 수 없다. 밤이면 숙소에서 그날의 내 모습을 돌아보는데, 그날은 내가 부족한 사람인 건 세상 사람이 다 아는데 그것을 채워주는 분이 있으니 자책은 멈추기로 했다. 내일 밤에 자책하지 않기 위해

네 번의 대륙횡단을 통해 얻은 경험은 기도하는 것이다.

나는 도심으로부터 5.5km 떨어져 있는 M5, 우랄 연방고속도로 입구에 자리를 잡았다. 화물트럭 운전자들을 위한 시설만 몇 개 보이는 조그마한 동네이다.

서 오늘 밤 수면시간은 중요한 '준비'이기 때문이다.

히치하이크하는 청년

유류잔에서 자고 다음 날 숙소를 나서 마을 초입으로 나왔다. 거기에서 배낭을 맨 한 청년을 만났다. 바시카르공화국의 수도인 우파에 산다고 했다. 군대를 다녀와서 자기 시간을 좀 가지려고 여기저기 돌아다니다가 이제 집으로 돌아가려는 중이라고 했다. 우파는 내가 경유할 도시였지만 역시 누구를 태워줄 수 있는 형편은 아니었다.

그런데 티무르는 센스 있는 젊은이였다. 종이 한 장에 자기가 가려는 목적지를 써서 흔들었는데 실소가 나왔다. 200km에 있는 자기네 동네 '우파 Ufa'를 쓰지 않고 '파리 PARI'라고 썼기 때문이다. 하긴 우랄산맥을 넘으면 유럽으로 갈 수 있는 길이 많으니 차를 잘 잡아타면 파리까지 못 가란

법도 없다. 나는 귀여워서 엄지를 치켜들며 웃었다.

러시아는 길에서 만난 히치하이커들을 되도록 태워주려는 문화가 암묵적으로 있다. 광활한 땅, 겨울엔 춥고 400km 안에는 숙소도 없으니, 대륙의 여행자에게는 잠잘 곳과 먹을 것을 주라는 칭기즈 칸의 말처럼 그 내용이 현대적으로 진화한 것이라고 할 수 있다. 길이 넓어지고 차가 많아지면서 그런 인심이 좀 사나워지긴 했지만 배낭을 멘 젊은이들에게는 여전히 굉장히 우호적이다. 젊은이들은 미래를 이끌어갈 세대이기 때문에 도움을 줘야 한다는 인식이 뚜렷하게 있다.

그런 인식 아래 결국 티무르는 지나가는 운전자들에게 웃음을 주면서 차를 잡았다. 그가 파리까지 갔는지 우파까지 갔는지는 모르겠다.

다시 만난 마을,
다시 만난 사람들

유럽(E)과 아시아(AH)를 의미하는 도로 표지판이 우랄산맥을 통과하는 길에 나란히 서 있다. 또 유럽과 아시아를 나누는 우랄산맥 경계비도 있다. 이제 모스크바까지는 1,555km가 남았다. 우파를 지나고 나베레즈니예 쳴니도 지나 타타르스탄공화국의 수도 카잔으로 달려가던 중이었다. 나는 5년 전 만났던 도로 변의 숙소가 어디였는지 기억이 나지 않아 잠시 바이크를 세웠다. 길 위에 멈추어 선 나를 보고 앞으로 달려가던 바이커가 되돌아왔다.

그는 카잔에 사는 '안톤'이라는 친구다. 사고가 났던 옴스크에 사는 안톤이 잠시 생각났는데, 카잔의 안톤은 물론 처음 만난 사이이다. 그런데도 서로 잘 아는 사람처럼 반갑게 인사를 나누었다. 그는

●
러시아에서 '모든 바이커는 형제다.' 나베레즈니예 첼니에 다녀오던 중이라던 안 톤과 함께 달려서 숙소 마리나에 도착했다. 나의 모터바이크를 체크해주고 자신 의 집 카잔을 향해 어둠 속으로 사라졌다.

자동차 도시이자 러시아 상용차 '카마즈'의 고향인 나베레즈니예 첼 니에 다녀오는 길이라고 했다. 내 숙소를 찾아 함께 달려주었다. 그 리고 안내데스크 직원이 신경 쓸 수 있도록 부탁해주고 모터바이크 의 체인까지 잘 조절해준 뒤 아내가 기다리고 있는 카잔을 향해 어 둠 속으로 사라졌다.

　많은 바이커는 이렇게 형제애를 보여준다. 그러나 마냥 믿지도 마 냥 부담을 주지도 말아야 한다. 안톤이 들으면 서운하겠지만 그게 여행자의 운명이다.

윤택한 삶의 방식을 찾아 자꾸 도시로 간다. 시골에는 점점 세상에서 낙오된 것 같은 기분을 가진 사람들만 남는다. 하밀도 언젠가는 카잔으로 갈지 모르겠다.

김치 같은 케피르

라밀 씨의 이야기를 듣다가 가게를 둘러보았다. 뭐라도 하나 사고 싶었다. 연방도로에서 가까운 곳에 있지만 벽지와 같은 시골 구멍가게에서 이 지역의 특성을 살린 물건은 거의 없는 듯하다. 중국산 값싼 생필품과 동남아에서 들어온 소스들, 그리고 중앙아시아 등지에서 들어온 과일들이 이 작은 가게를 채우고 있었다.

그런데 다행히 러시아에서 생산한 것으로 내가 좋아하는 게 하나 있었다. 나는 러시아에서 생산되는 것 중에 '케피르'라는 발효음료를 좋아한다. 일종의 마시는 요거트 같은 것인데 꽤 시큼하다. 1995년에 이 음료를 처음 마셨을 땐 다시 못 먹을 것 같은 굉장히 낯선 맛이었지만, 어느 순간부터 그 시큼함이 몸에 적응이 되고 이제는 김치처럼 질리지 않는 음료가 되었다.

러시아 음식이 맛있는 이유는 초원에 방목된 건강한 가축들, 오염되지 않은 환경에서 자란 채소들처럼 원 식자재의 품질이 좋기 때문일 것이다. 육류는 대체로 냉동으로 유통되지만 맛은 떨어지지 않는다. 눈을 돌리는 곳마다 온통 초지인 러시아에서 편안하게 풀어서 키운 소들은 건강하며 거기서 생산된 우유 또한 좋은 품질이다. 많은 지역들이 자체 유제품 브랜드를 가지고서 선의의 경쟁을 한다.

멋쩍게 이야기만 듣고 나올 수는 없었는데 케피르가 있어서 다행이었다.

●
넓은 평원에 소들이 산책하고 있는 것처럼 보인다.

다시 만난 가족

상점을 나와 걷다 보니 초지 가까운 쪽에서 일하는 사람들이 있었다. 이 얼굴도 낯이 익다. 그 사람도 나를 알아보는 눈치였다. 2014년에는 어스름하게 해가 질 무렵에 만났는데 밝은 데서 보니 더 반갑다. 리푸누르라는 이름을 가진 40대 농부는 하밀의 삼촌이다. 하밀의 할머니이기도 한 그의 어머니와 아내, 그리고 6세, 9세 남매를 둔 가장이다.

그는 다시 만난 나를 반가워했다. 나는 짧게 인사하고 어젯밤 하밀을 우연히 만난 이야기를 했다. 많이 컸는데도 금방 알아봤다, 이제 어른이 다 되었더라고. 그때 다른 식구들이 어디서 하나둘 나타났다. 그와 꼭 닮아서 대번 어머니인 줄 알아본 노인은 낯선 사람인 나를 보고서도 함박 웃으신다. 경계심 없이 따뜻하게 대해주는 그 마음이 보여서 기분이 편안해졌다. 그래 이게 러시아고 시골의 아름다움이지 싶었다.

리푸누르 씨는 나에게 부탁이 하나 있다며 가족사진을 한 장 찍어줄 수 있느냐고 물었다. 나는 흔쾌히 찍어주겠다고 했다. 리푸누르 씨의 부인까지 나와서 다섯 식구가 모두 모였다. 다섯 식구가 정말 하나같이 닮았다. 푸른 초원과 그 뒤에 있는 노란 밀밭을 배경으로 이 타타르인 가족의 모습이 내 카메라에 담겼다. 남매 아넬랴와 누르실은 쌍둥이처럼 닮았는데 아버지보다 좀 더 아시안의 얼굴이 있다.

• 바스칸 마을의 리푸누르 씨 가족

• 가족 한 명이 늦게 도착했다.

• 리푸누르 씨

나는 각각 한 명씩 따로 독사진도 찍어주었다. 어머니 굴피라 씨는 사람 좋은 웃음이 그대로 담겼고, 리푸누르 씨는 오른팔을 들어올려 손을 쫙 편 자세를 취했다. 그런데 그의 손이 놀라웠다. 엄지손가락을 뺀 네 손가락이 한 마디씩 정도만 남아 있고 모두 없었다. 손가락이 없는 손으로 노동을 한다. 그도 도시에서 일하다가 사고를 당했던 것일까? 카메라를 쳐다보는 얼굴이 참 밝다. 손가락은 개의치 않는 얼굴이다.

진정한 러시아의 아름다움은 여전히 시골에 있었다. 삶에서 술만 빼면 정서적으로 자연 친화적인 따뜻한 사람들. 소박하고 겸손한 이런 사람들에게 종교는 한층 맑은 심성을 더해준다. 그런데도 이들의 삶을 모두 뭉쳐서 그냥 시골은 위험하다고 한다. 가난하고 소외된 것도 서글픈데 이런 소리를 시골 사람들이라고 못 들었을 리 없다. 그들의 명예가 회복되려면 그들의 힘만으로는 부족해보인다.

●
러시아 타타르스탄공화국의 바스칸 마을
리푸누르 씨 가족

7장. 탐험의 여정6

동맥이 될 것이다.

모스크바는 물류의 관점에서도 항공이나 철도는 물론이고 도로까지 다양한 길이 있어 아시아에서 유럽으로 향하는 건너뛸 수 없는 관문이다. 2010년에 완성된 러시아 연방도로를 통한 물류의 이동은 시베리아 횡단 화물열차의 경쟁력을 앞서고 있다. 그래서 도로 위에서 일어나는 변화, 도로를 통한 경쟁력을 주목해야 한다.

현지어를 습득할 때

모스크바에 오면 약간 고향과 같은 향수가 있다. 나는 여기서 일상을 살았던 적이 있다. 1996년 모터바이크를 이용해 첫 번째로 러시아를 횡단했던 의미는 소비에트의 몰락이 서방세계와 같은 발걸음을 걸어왔던 우리에게 어떤 기회의 가능성이 있는지 직접 몸으로 확인해보는 데 있었다. 그 이듬해 1997년 다시 모스크바를 찾은 이유는 내가 직접 이 땅에서 살면서 어떤 기회를 찾아 뿌리를 내려보겠다고 목표를 가졌기 때문이다. 그 안에 몸담고 생활인으로 살아야 그곳의 삶이 보이고 내가 가야 할 길도 찾을 수 있을 것이라고 생각했다. 그래서 결국 1998년부터 모스크바 남서쪽 유고자파드나야 지역에서 주로 거주하며 약 2년여 동안 살았다. 거기서 내가 했던 일들이 지금 탐험가로서의 정체성과 연결된다.

1990년대 후반, 외국에 가서 만날 수 있는 교포의 직업군은 대사관 직원, 상사원, 개인사업자, 선교사, 학생 정도였다. 20대였던 내가 만나기 쉽고 가장 편안했던 그룹은 선교사들이었다. 이분들과 함께 밥을 먹고 신학교에서 잘 수 있었다.

이 선교사들이 소속된 단체는 천막을 꿰매는 일을 했던 사도 바울처럼 살았다. 누구도, 어디에 있든, 어떤 지원도 받지 않고 스스로 돈을 벌어 생활한다. 낮은 자리에서 쌀, 라면, 작은 생필품 같은 것만 파는 최소한의 경제활동만 하면서도 거기서 번 돈으로 어려운 사람들을 도왔다.

당시 그곳엔 우리나라 유수의 명문대 출신 네 명의 선교사가 각각 단신으로 와서 공동생활을 하고 있었다. 굳이 '명문대'라고 표현하는 데는 우리 사회에서 윤택한 삶이 보장되는 다른 선택을 해도 충분히 잘 살 수 있는 사람들이란 의미가 있다. 그런데 인상적인 건 이분들이 함부로 움직이지 않는다는 것이다. 정신력이 아주 강하고 때를 기다리는 인내심이 굉장했는데, 이분들이 생각하는 '때'란 '현지 언어가 충분히 습득된 때'다. 그때까지는 치열하게 공부하면서 거의 외출도 하지 않았다.

나는 수도자처럼 사는 이 선교사들을 만나면서 삶의 기본기와 인내심을 배워나갔고 이제 무엇을 할 것인지 깊이 생각하기 시작했다. 그 덕분에 이 시기에 나는 비로소 정신적으로도 심리적으로도 완전한 성인으로서 독립했던 것 같다.

벽보판의 추억

첼랴빈스크 숙소에서 머물렀을 때 버스 정류장 가까이에서 벽보판을 만났었다. 그때 내 눈에 익숙한 단어 '스니무(Снимy)'가 들어왔다. 스니무는 러시아에서 방을 구할 때 주로 사용하는 단어인데, 큼지막하게 쓰인 그 단어 아래로 가족이 있으며 방 한 개 혹은 두 개짜리를 구한다는 구체적인 내용이 있었다. 그리고 함께 살 동물은 없으며 월세 지불 약속을 잘 지킬 수 있다는, 방을 구하는 이의 간절함도 살짝 표현되어 있었다. 그때 옛 생각이 났다.

1997년 러시아에서 살아보자고 결심한 후 비행기표 한 장을 사고 몇 달치 체류비용만 마련해서 모스크바에 도착했을 때, 가장 먼저 선교사님과 함께 방을 구하는 것부터 배웠다. 길거리 벽보판에 'Снимy'라는 단어와 전화번호를 써넣은 쪽지를 붙였다. 며칠을 돌아다니며 그렇게 구한 숙소가 "슬라비얀스키 불바르 돔 소록시모이 (슬라브대로 47번지)"이다. 모스크바에서 첫 숙소인 이 주소를 23년이 지난 지금도 기억하고 있다.

사람이 낯선 땅에 떨어져서 제 한 몸 누일 공간을 처음으로 갖는다는 게 그렇게 오래 기억될 일인 모양이다. 잠잘 곳이 있고 식사를 해결할 수 있는 여유까지만 있으면, 그다음의 어려움은 조금 더 잘 이겨낼 수 있고 뭐든 할 수 있을 것 같은 희망이 생긴다. 첼랴빈스크에서 마음에 쏙 드는 숙소에서 지친 몸을 추스르는 동안, 모스크

바에서의 숙소를 구하기 위해 벽보판 앞을 오갔던 젊은 날의 시간
이 아련하게 떠올랐다.

내게도 추억이 있는 벽보판의 메시지들을 통해 이 도시 사람들을
간접적으로 알 수가 있다.

시장에서 만난 사업아이템

처음 모스크바에서는 선교사들의 일을 도우며 지냈다. 하지만 나는 내 색깔을 가지고 사업을 해보고 싶어서 아이템을 찾았다. 그래도 내가 조금 잘하는 것이 있다면 메모하는 습관과 걷는 것이었다. 모스크바를 포함한 유럽의 대도시는 걷기 좋고 걸을 수밖에 없는 길이 많아서 좋았다. 거기다 재래시장을 좋아해서 무슨 중요한 일과처럼 거의 매일 여러 시장을 출근했다. 그러다가 모스크바 시장에서 쌀을 눈여겨보게 됐다.

●
모스크바 돔 크니기(서점) 부근에 있던 사무실이다. 모스크바 국립대 시설 중의 일부를 임대해서 쌀 창고로 만들었었다. 미국에서 출발한 배가 상트페테르부르크에 도착하면 화물차를 몰고 가서 쌀부대를 옮겨 싣고 돌아오던 눈 쌓인 길이 생각난다. 2019년, 건물을 팔겠다는 내용으로 연락처가 창문에 붙어 있다. 매일 드나들던 출입문

1997년 한국이 국가부도 상황에 직면해 IMF의 금융지원을 받았을 때, 1998년 러시아는 모라토리움을 선언했다. 모라토리움은 주로 국가가 주체일 때 사용하는 말로 널리 쓰이는데, 전쟁·천재지변·공황 등으로 경제가 혼란하고 빚을 갚기 어려워질 때 국가가 일정 기간 채무의 이행을 연기 또는 유예하는 것을 말한다. 러시아의 경제상황은 그렇지 않아도 어려웠는데 더 어려워졌다. 살인적인 인플레이션, 실업 증가, 가정 해체, 약물 중독자 증가 등의 사회문제도 쏟아져나오고 거의 대부분 러시아인들은 지옥과 같은 고통을 겪었다.

그런 가운데 여기서 위기를 기회로 만든 새로운 러시아인들이 등장한다. 일명 '노브이 루스키(New Russian)'라고 부르는 이들은 구소련시절 당과 정부에서 정치 권력을 쥐고 있던 사람들로, 소련 해체 후에는 외환거래와 불법적으로 생산한 제품을 판매하는 기업 활동을 통해 부유한 경제 권력이 되었다. 자신의 능력과 노력으로 부를 쌓은 기업가들이지만 대부분 불법과 탈세를 저질렀기 때문에 '마피아'라고도 부른다.

그런데 이런 부자들 사이로 서서히 일본문화가 들어오기 시작했다. 일식당도 늘고 무라카미 하루키의 소설이 관심을 받고, 젊은이들 사이에선 야쿠자 문화에 대한 동경도 생겼다. 평소 식사량이 많은 러시아인들은 조금씩 담겨 나오는 비싼 일본 음식을 먹는 것을 부의 상징처럼 여겼다. 나는 일식집에서 쓰는 쌀에 주목했다.

미국에서 수입한 일본 쌀

나는 선교사님에게 물었다.

"여기 초밥용 쌀을 공급하면 어떨까요?"

"그게 우리가 파는 쌀로는 어려워."

초밥용 쌀은 가장 좋은 품종으로 쓴다는데, 당시 선교사들이 파는 쌀은 호주산 캘로그쌀이었다. 그때 나는 우리나라에도 수입됐던 쌀이 생각났다. 쌀을 씻을 필요도 없이 물만 넣고 밥을 지으면 된다는 코팅된 쌀의 대명사 '니시키Nishiki'. 우리나라에선 쌀을 좀 박박 씻어서 밥을 해야 한다는 인식이 있어서 그런지 생각보다 인기가 있진 않았다. 하지만 러시아는 그런 고정관념이 없는 나라다. 거기다가 꼭 일식이 아니어도 쌀을 먹는 민족이 많기 때문에 승산이 있을 것 같았다. 코팅된 니시키 쌀은 미국에서 생산되고 있었는데, 나는 선교사님이 가지고 있는 국제 네트워크를 이용해 미국으로부터 모스크바로 들여와서 2년 정도 꽤 재미있게 잘 팔았다.

나는 이 일로 곡물시장의 흐름을 조금 알게 되었다. 무기시장보다 더 큰 시장이 곡물시장이었는데 이 시장을 잡고 있는 나라가 그 당시 일본이었다. 니시키는 당시 일본에서 가장 인기 좋은 쌀은 아니었다. 이럴 경우 보통 2인자는 나라 밖으로 나가는 경우가 많은데, 니시키는 일본의 자본과 기술을 가지고 미국에서 쌀을 생산했다. 미국인 인력을 고용하면 '메이드 인 유에스에이Made in USA'가 되어 자연

기 어렵다 보니 모스크바에 와서, 우리나라에 온 동남아시아 노동자
들처럼 힘들고 더럽고 위험하고 귀찮은 일을 도맡아 한다.

이 비싸고 화려한 동네에서 나흘을 머물며 상점에 들를 때마다

●
모스크바 숙소 '프리벳'을 떠나며 함께하던 친구들과 인사를 나눈다. 프리벳은 '안
녕'이라는 인사말이다.

경비 한 사람이 따라붙는다. 내 모습이 새카맣게 그을린 채 후줄근한 차림새라 그로서는 의심이 드는지 내 눈에 드러나게 따라다니며 감시한다. 기분이 별로 좋지 않았지만 경비가 자기 업무를 하는데 그걸 보고 뭐라 할 수 없었다.

며칠 전, 볼가강의 지류인 수라 강변에서 머물다가 가까운 재래시장의 이발소로 가서 머리를 깎았지만 비와 땀과 흙먼지에 찌든 차림은 도시 정주민들과는 확연히 구분되는 이질감으로 눈에 띄는 모양이다. 우리들이 상상하는 여행자의 모습은 어떤 것일까. 나도 나름대로 여행자가 보여줄 수 있는 멋스러운 스타일에 대해서는 알고 있다. 하지만 무엇이든 자기가 반복하고 익숙해지는 일에 따라 그

●
모스크바에서 라트비아로 연결되는 M9, 발틱 연방고속도로. 이 길은 E22번 유럽 노선과 국경까지 같은 구간을 공유한다.

사람만의 스타일이 생기거나 정체성이 드러난다. 그건 가린다고 감춰지지 않는데 내 겉모습만 보고 기분 상할 정도로 행동하는 사람을 보면 좀 아쉽다.

경비든 손님이든 모두 이 도시에서 서로 비슷한 처지다. 나와 함께 방을 쓰고 있는 사샤의 태도를 다시 생각하게 된다. 우리의 삶은 서로 그런 온기를 나누며 살 때 다시 살아갈 힘을 얻는 것인데, 거칠고 고단한 삶은 많은 사람들에게서 그런 온기를 빼앗아갔다. 그럼에도 모스크바에서는 시베리아를 건너며 만났던 따뜻한 사람들의 인연이 떠오르며 새삼 감사한 시간이었다. 비좁은 숙소와 불안한 직장과 부족한 수입으로 살아가는 가운데서도 숙소에서 만난 많은 사람들은 나의 여정과 시간에 대해 호감을 표현해주고 행운을 빌어주었다.

2019년 8월 19일 다시 길 위로 나왔다. 모스크바는 이미 가을이 시작되었다. 나는 유럽으로 연결된 여러 개의 길 중 M9, 발틱 연방 고속도로를 선택했다. 이 도시를 충분히 빠져나갈 때까지 50km 거리를 매우 빠른 속도로 달렸다. 이 구간에서 '나만의 속도'를 생각해서는 곤란하다. 다른 차들의 속도와 흐름에 맞추어야 할 때는 반드시 그렇게 해야 한다. 그래야 사고의 위험도 적다. 1995년부터 인연을 맺은 러시아는 올 때마다 매번 빠른 속도로 변화하고 있다. 작은 배기량의 모터바이크로 이 나라를 횡단하는 것은 갈수록 매우 위험한 일이 되어가고 있다.

국경을 넘어
유럽의 끝으로

2019년 유라시아 대륙횡단 프로젝트는 아시안 하이웨이 6호선과 거의 같은 길을 공유했다. 블라디보스토크에서 출발했을 때 아시안 하이웨이 6호선은 서 시베리아 도시 옴스크에서 유럽으로 가는 E30번 도로와 합쳐진다. 이 두 도로가 합해져서 유라시아 횡단도로가 되는 것이다.

나는 옴스크를 지나 모스크바에서 E22 유럽노선을 따라 러시아 국경을 넘어 라트비아로 들어섰다. 2019년 8월 21일 하루 종일 달린 230km 중 180km 구간까지 내내 비가 내렸다. 대륙을 횡단하면서 이처럼 오랫동안 많은 비를 맞아본 것은 처음이다.

85일 동안, 모터바이크와 함께 1만 km를 달려 러시아 국경을 이

•
M9 도로는 라트비아 국경, M1은 벨라루스, M10은 상트페테르부르크를 거쳐 핀란드로 연결된다.

렇게 벗어났지만 이미 어두워진 밤에 숙소를 찾기가 어려웠다. 강한 비바람에 하루 종일 시달린 몸은 비옷을 입고도 젖어서 체온도 떨어졌는데 국경을 넘어서면서 인터넷이 끊겼다.

원룸형 아파트를 하루 임대하는 광고판에서 얻은 주소지에 도착

•
내겐 '국경'이라는 단어가 항상 무겁다. 2019년에는 장대같이 쏟아지는 비, 차가운 날씨가 국경을 넘는데 장벽이 되었다. 모터바이크를 타고 러시아 국경을 넘어 라트비아로 들어가는데 나를 가로막는 것은 없다.

•
2019년 8월 21일 오후 7시 34분. 라트비아 입국. 두 나라 국경 마을은 지극히 한가롭고 통관절차를 기다리는 길 위만 바쁘다.

했지만 어느 건물인지 확실하지가 않았다. 갑자기 지나가는 차에게 도움을 청할까 싶어서 제스처를 취했지만 나의 어정쩡한 태도 때문인지 그냥 지나가버렸다.

기록장비들이 비에 젖지 않도록 비닐 안에 잘 넣어두었지만 이런 식으로 비에 계속 노출되면 몸도 그렇고 모터바이크와 짐에도 문제가 생길 것이 분명하다. 거리에는 아무도 없다.

그때 내가 서 있는 자리에서 50m 정도 거리에 있는 집의 현관문이 열렸다. 나는 반가운 마음에 그 사람들을 부르며 재빠르게 걸어갔다.

유럽 구간의 베이스캠프

라트비아 레제크네는 소련 시대 관리들의 별장이 있던 국경의 작은 도시이다. 2만 명이 안 되는 한적하고 조용한 마을로 좋은 집들이 많다. 현재 유럽연합의 일원이지만 소련에서 독립한 후 정치적·경제적으로 어정쩡한 나라가 된 라트비아는 물가가 유럽 수준이라 사람들의 삶이 팍팍해보인다.

레제크네 도착 첫날 숙소를 못 찾고 헤매던 나를 반갑게 맞아주었던 알렉세이와 크세니아 부부는 개신교 선교사였다. 그들은 자기네 집에서 쉬라고 방을 내주었고 신도의 시골집에서 뜨거운 사우나 사람들이 내게로 다가왔다. 바이크를 세우고 서 있으면 내가 두드러져 보이긴 하나보다. 아시아인이고 뭔가 먼 길을 달려온 느낌이 드는지 먼 곳에서 걸어올 때부터 흥미롭고 호기심 가득한 얼굴로 온다. 블라디보스토크에서 시베리아를 거쳐 여기 왔다는 말에 그들은 '어메이징'을 연발했다.

축하한다면서 함께 사진을 찍자고도 하고 내 모습을 사진으로 남겨주기도 했다. 한 가족은 브란덴부르크 문의 뒤편 도로와 경계석 사이에 모터바이크를 세웠더니 키가 큰 아들이 차들이 달리는 도로 안으로 들어가 사진을 찍어준다. 한 소녀와 함께 가던 부모가 멈춰

서더니 나에게 소녀만 보낸다. 아이는 자기와 사진을 한 장 찍어줄 수 있느냐고 물었다. 부모는 멀리서 이런 자녀를 지켜보고 있다.

브란덴부르크 문 주변으로는 외국 대사관이 모여 있는데, 파리저 광장 왼편에서 시위가 벌어지고 있었다. 시위에 참가하려고 간이의자를 들고 가

●
웃음을 주는 도시 베를린

독일 통일의 상징, 브란덴부르크 문. 한때는 분단의 상징이기도 했다. 엄마와 손
잡고 걸어가던 소녀도 내게로 왔다.

던 사람이 내 옆을 지나가는 줄 알았는데 갑자기 의자를 내게 내밀었다.

"그 먼 길 오느라고 당신 참 힘들었겠다."

어떻게 알았을까. 나는 고맙다고 말하고는 호의를 거절하지 않고 잠시 앉았다.

브란덴부르크 문 근처에는 여러 나라 대사관들이 모여 있는데 러시아 대사관 직원들이 퇴근하다가 러시아어가 적힌 내 바이크를 보고 다가온다. 러시아인이 아닌 외국인이 '나는 러시아를 좋아한다'고 하니 땀과 먼지에 후줄근해진 내가 미안하게 거리낌 없이 막 안아준다.

왜 이들은 이렇게 약속이라도 한 듯이 나를 축하해주고 격려해주며 기쁘게 해주는 것일까? 1996년 처음으로 시베리아를 횡단할 때 주위의 반응은 "어떻게 소련을 간다는 거야?"였다. 현지에 있던 국내 항공사 관계자는 사람 귀찮게 하지 말라, 지금 러시아가 어떤 상태인데 그것도 오토바이로 횡단하려는 거냐며 짜증을 냈다.

그리고 세월이 흐른 지금은 언제부터인가 "유라시아 횡단은 누구나 할 수 있는 거 아니야?"라며 별것 아니라는 듯이 비아냥거리는 사람도 있었다. 이런 사람들에게 예민하게 반응을 보이던 시기도 있지만 길 위를 달리면서 생각했다. 어차피 내가 가치 있다고 생각해서 선택한 일이라면 누가 뭐라고 하는 것에는 그렇게 반응하지 말자고.

국내에선 대체로 이런 분위기에 있다가 지금처럼 나에게 환호해

● 브란덴부르크 문 앞에서.
2019년 8월 28일 오후 6시
30분부터 시작된 웃음

주고 축하해주고 놀라워하고 엄지를 치켜세우고 사진을 찍자고 하고 '어메이징'을 연발하는 사람들을 만나면 정말 힘이 나고 기쁘다. 특히 어린이나 청소년을 앞세우고 그 아이들이 나와 대화할 수 있도록 옆에서 지켜봐주는 어른을 만날 때 보람과 기쁨을 느낀다.

내게 베를린은 항상 조금 더 머무르고 싶은 도시이다. 깨끗하고 저렴한 호스텔이 정말 많아서 여행자들의 천국이다. 자유분방함 속에서도 분명한 힘이 느껴진다. 도시 전체가 낙서판이라고 할 정도로 굉장히 고급스러운 건물에도 그래피티 그림이 있다. 낙서를 용인해주는 사회의 개방적이고 너그러운 자세가 세계의 젊은이들을 모여들게 하는 힘이 아닐까 한다.

도로에 활기를 만드는 사람들

베를린은 오래 머무르고 싶은 도시지만 나의 목적지는 아니다. 아쉬워도 다시 길을 떠난다. 베를린시 외곽을 벗어나 E30번 도로를 달리다가 하노버시 외곽, 트럭 정류장에 들어섰다. E30 도로는 아시안 하이웨이 6호선과 일부 구간을 공유하는데, 고속도로 휴게소는 모세혈관 같은 유럽의 도로를 활성화시키는 화물차 운전자들이 잠시 쉬어가면서 원할 땐 서로 얼굴을 마주하는 곳이다. 대형 화물차 운전기사는 과거 소비에트 연방에 속했던 나라의 사람들이나 동유럽인들이 주로 많다.

대형차들이 주차하는 주차장에 있는 복합시설에 숙소를 잡고 짐을 풀고 있는데 눈인사를 하고 다가오는 사람들이 있었다. 이들은 체코, 네덜란드, 독일인들이었는데 휴게소에서부터 나를 따라왔다고 한다. 먹을 것이 가득 든 봉투를 내게 건네준다. 나는 인사를 나누지도 못했지만 누군가 나를 다 보고 있었다.

이곳에서 트럭 운전사인 몰도바 사람 안드레이를 만났다. 그는 라트비아 국적의 차량을 몰고 유럽 전역을 이동한다. 몰도바가 구 소련에서 독립한 나라 아니냐고 물으니 싫은 기색이다. 본래 루마니아와 한 나라였다는 몰도바는 소련의 일원이 되었다가 현재 동유럽의 내륙국으로 존재하고 있다고 한다.

안드레이는 유럽 전역을 달리는 화물차 운전이 훨씬 벌이는 좋지

로테르담에서의 첫째날. 유라시아 대륙횡단 여정에 함께해주신 유일한 그분께 감사

자 해야 할 일이고, 그러나 혼자 이겨나갈 수가 없었다. 내가 어쩌지 못하는 일은 신께서 함께해주실 것이라 믿지 않고는, 끊임없이 의지하며 '살려주십시오' 기도하지 않고는 여기까지 올 수 없었다.

달려도 끝없는 길은 한계를 의미한다. 한계는 사람을 겸손하게 만든다. 내게 겸손은 신의 존재를 인정하는 것이다. 나의 보잘것없음을 똑바로 바라보는 것이다. 내가 가지고 있던 교만, 감추고 싶었던 못남, 잘 보이고 싶었던 허영, 이 모든 것이 길 위에서 다 벗겨지고 겸손한 나를 만날 수 있었다. 나는 대륙의 길 위에서는 순례자였다. 무거운 짐을 지고 끝이 없는 길을 걸어가는데, 누군가와 함께 한다

●
로테르담 사랑의교회

는 것은 큰 위로와 힘이 된다. 대륙횡단의 종착지에서 가장 겸손한
모습으로 가장 먼저 신에게 감사드리고 싶었다.

　조용히 기도를 드리고 나오자 밖에서 놀고 있던 아이들이 몰려와
질문을 했다. 사진을 찍고 다시 바이크를 타고 11km 정도를 달려
바닷가의 시내 중심가로 향했다. 사실 나는 이곳을 오고 싶었다.
2019년 유라시아 대장정(2019 Trans Eurasia Series 4)의 진정한 목
적지는 로테르담에 있는 '뉴욕호텔'이다. 뉴욕의 역사가 새겨진 장소
가 최종 목적지가 되었다.

대서양을 바라보다. 2019 유라시아 대륙횡단의 목적지가 된 로테르담 뉴욕호텔

네덜란드의 뉴욕호텔

    네덜란드는 우리처럼 부족한 자원과 좁은 국토를 가지고 있다. 이들은 많은 콤플렉스를 극복한 역사가 있는데 1625년 서인도회사를 통해 네덜란드인 26명이 맨해튼 남단에 이주했다. 원주민에게 헐값에 사들인 땅은 위치는 좋았지만 늪지와 같았다. 물이 마르지 않는 곳에 당연히 모기나 벌레가 많았고 무엇인가를 하기엔 열악한 땅이었다. 그런데 해수면보다 지표면이 낮은 땅에서 물을 극복하며 살아온 네덜란드 사람들은 뉴욕 땅의 물을 관리하면서 도시를 건설해나갔다. 그들은 과거 많은 콤플렉스를 가지고서도 세계의 수도인 뉴욕을 건설했다.

    17세기에 뉴욕으로 가는 배를 타기 위해 로테르담에 모인 사람들

북해로 연결되는 마스강을 따라 인상적인 건물들이 서 있다. 오른쪽 빌딩 아래에 뉴욕호텔이 있다.

의 숙소가 이 뉴욕호텔이었다. 바로 이곳에서 배가 출발했다. 나는 전통 깊은 뉴욕호텔 가든에 있는 사람들에게 사진 한 장을 부탁했다. 그들은 식사를 하고 차를 마시고 있었는데 이들을 바라보며 콜럼버스가 아메리카 대륙을 발견했을 때를 상상해보았다.

유럽인들은 아메리카를 발견하고 개척했다지만, 이미 그곳에 살고 있던 원주민의 입장에서는 식구들과 밥 먹고 일상을 살던 자기들의 생활 터전이었다. 없던 땅이 갑자기 샘솟은 곳에서 사는 것이 아니었다. 지리상의 발견이라는 허울 위에 영토를 확장하던 시기에 '발견' '개척'은 말 그대로 땅을 차지하고 개척했던 때를 말한다. 거기에 원주민과 개척인의 충돌은 불가피했고 수많은 피와 눈물의 역사를 썼다.

그 시기에 만들어진 대표적인 것이 수에즈 운하였고 희망봉을 돌아서 가던 때보다 1만 km로 단축되며 상업 루트가 만들어졌다.

스웨덴 탐험가 노르덴시욀드Nordenskjold는 트롬쇠 항

● 트롬쇠 2014년. 북동항로가 시작되는 북유럽 최대의 항구이다.

구를 출발해 시베리아 북쪽 바다를 거쳐 일본 요코하마에 도착하는 북동항로를 개척했다. 지구온난화로 현재 이 루트가 각광을 받고 있는데, 유럽에서 출발한 배가 시베리아 북쪽 바다를 지나 베링해를 통해 한국으로 올 수 있다. 유럽에서 우리나라까지 오는 데 수에즈 운하를 통해서 오면 2만 1,000km이며 북동항로를 통해서 오면 1만 4000km이다. 북동항로를 통하면 수에즈 운하로 다니는 것보다 7,000km가 단축된다. 한국에서 시베리아를 거쳐 유럽 끝까지 가는 유라시아 대륙횡단도로도 1만 4,000km로 북동항로와 같다.

내가 유라시아 대륙을 횡단하는 것이 탐험이냐 아니냐가 중요하지 않다. 지리상 발견의 시대도 끝나고 극지와 고지 등정의 시대를 지나 우리는 현재의 탐험과 개척을 어떤 방향으로 해석하고 나아갈 것인가에 대한 질문을 해야 한다. 그 안에 '길'은 언제나 중요한 자리를 차지한다.

물류회사에서

로테르담은 마스강을 따라서 항구가 있고, 암스테르담까지는 70km 정도의 거리가 있다. 암스테르담에는 스키폴공항과 중앙역이 있다. 암스테르담 주변으로는 항구, 공항, 기차역이 모두 있다. 이 세 개가 100km 안에 있고 300km 안에 많은 인구를 가진 시장이 형성되어 있다. 로테르담은 아시안 하이웨이 6호선이 가 닿을 수 있는 유럽 제1의 항구 도시이다.

2014년 유라시아 대장정의 최종 목적지는 로테르담항의 물류회사들이 모여 있는 곳 보틀렉Botlek 유통단지에 있는 '포인트DE PUNT'라는 레스토랑 겸 카페였다. 아시안 하이웨이 6호선과 러시아 횡단도로가 기차나 배, 항공보다 물류를 이용하는 데 있어서 어떤 경쟁력이 있는지를 알아보기 위한 여정이었기 때문에 물류회사가 모여 있는 이곳이 횡단의 종착지로 의미가 있다고 보았다.

그리고 이곳에서 배에 바이크를 싣고 한국으로 오는 그 모든 과정과 비용을 데이터화했다. 사실 그때 나는 너무 지쳐 있었기 때문에 내 바이크를 선박을 통해 보내려고 고민하던 중이기도 했는데, 로테르담에서 충분히 쉬면서 힘을 얻어 다시 육로로 돌아오긴 했다.

대형 물류회사 '헬만HELL MAN'은 암스테르담의 모터바이크 가게 주인 렉스 반 씨가 소개해주었다. 그는 일본과 가까운 한국에 당연히 헬만의 네트워크가 구축되어 있으리라 생각하고 소개했지만 헬만은 한국에는 없었다. 헬만에서는 '이수ESU LINE'라는 이름을 가진 좀 더 작고 섬세한 작업을 하는 물류회사를 소개해주었다. 하지만 이수도 모터바이크 한 대를 처리하기에는 큰 회사였다. 컨테이너 한 대에 여덟 대의 모터바이크를 싣고 나서야 움직일 수 있다니 그들에게는 약간 귀찮은 일이었다.

그들은 다시 이런 일에 파트너십을 맺고 일 처리를 대행해주는

할 수 있지만 절실함은 누구
나 가질 수 있는 것은 아니
다. 이 여행에 대한 절실함이
길을 끝까지 가게 하는 힘이
된다. 어떤 변수에도 멈추지
않게 해준다. 어쩔 수 없다면
속도를 줄일 뿐이다.

육로를 통해 귀국하기 위
해 왔던 길로 다시 돌아간
다. 극동에서 서쪽으로, 이젠
고향을 향해 극서에서 동쪽
으로 가는 길을 나설 준비를

집으로 돌아가는 길. 2019년 9월 3일 로테르담 출발

한다. 앞으로 계속되는 빗속에서 어느 쪽으로 이동하는 것이 좋은지
계속해서 생각하고 있었다. 네덜란드 전역에 일주일 이상 계속될 비
예보를 확인하고 사흘째 되는 날, 나는 다시 바이크를 타고 길 위로
나섰다.

8장. 탐험으로부터의 귀환

다시
모스크바에서

석양을 등에 지고 그림자를 앞세우고 서서히 밤을 향해 달려간다. 모든 절차를 마치고 국경을 넘어 다시 러시아로 들어왔다. 인터넷을 연결하고 다시 달리기 시작한다.

맞은 편으로부터 차 한 대가 석양을 향해 달려가고 있다. 두 개의 카누를 차 지붕 위에 싣고 있다. 내가 달려온 길을 떠올리며 이 카누가 어느 바다, 혹은 어느 호수 위에 뜨게 될지 상상해본다. 발트해 아니면 지금까지 지나온 수많은 호수 가운데 한 곳이리라.

2019년 5월 27일 블라디보스토크를 출발하여 시베리아를 건너 유럽의 끝 로테르담을 거쳐, 다시 이곳까지 올 동안 생각했다. 마태 복음 28장 19절의 말씀은 제자들을 세상으로 파견하며 사명을 부

9월 11일. 이곳부터 러시아 영토임을 알려주는 조형물. 라트비아 국경을 넘어 러시아로 다시 들어왔다. M9, 발틱 연방도로가 시작된다. 모스크바에서 동유럽을 거쳐 서유럽에 도착할 수 있는 두 개의 노선 중의 하나이다. M1, 벨라루스 연방도로를 선택하게 되면 벨라루스라는 나라를 거쳐 유럽으로 나가게 된다. 아시안 하이웨이 6호선 또는 E30 유럽노선이라 부른다. 대부분의 화물운전자들은 M9 노선(E22)을 선택한다. 서방 세계에게 벨라루스는 독재 국가라고 알려져 있다. 화물운전자들도 벨라루스 국경을 통과하면서 좋은 기억이 거의 없는 듯하다. 모스크바와 유럽을 연결하는 데 최단거리라는 경쟁력을 가지고 있음에도 시장으로부터 외면당하고 있다.

여하는 예수님의 말씀이 나온다. '모든 민족을 제자로 삼아, 아버지와 아들의 이름으로 세례를 주고 너희들에게 가르친 것을 그들이 지키게 하라'는 내용이다. 이것은 지리상의 발견의 시대 혹은 서구의 식민 개척 시절에 정복의 논리로 사용되었다. 말씀하신 분의 의도와 전혀 관계 없는 수많은 잘못된 행위로 땅은 짓밟히고 사람들은 희생되며 말씀은 먼 산으로 가버렸다.

광야의 키워드는 고독과 불안이다. 넓은 평원의 깊은 고독과 불안 앞에 홀로 서면 보고 싶지 않아도 온전히 나 자신을 바라볼 수밖에 없다. 이렇게 겁이 많았나, 이렇게 나약했나, 이렇게 아무것도 아니었나, 실망하고 좌절하며 매일매일 작아지는 나를 본다. 내가 작아져 사라지기 전에 성경 말씀이 산으로 가지 않도록 깊이 새기고 동행하다가도, 어느 순간 놓치거나 잃어버리는 시간이 많았다. 내 코앞에 닥친 일을 해결하느라 허겁지겁, 단 하루도 온전히 붙들지 못하고 잊고 놓쳐버린다. 그러면서도 다시 기억하고 더듬어 처음 마음을 찾으며 여기까지 왔다.

스마트폰이 보여주는 실시간 정보를 펼치며 끊임없이 국경을 자유자재로 넘나들며 자신의 이야기를 만들어가는 디지털 기반의 세계화 시대. 25년간 자유로운 유목민으로 사는 꿈을 꾸며 실행했던 네 번의 유라시아 여정은 같은 위도를 따라 달리며 좀 더 촘촘한 자료와 풍성한 이야기를 만들었다. 그동안 힘들게 쌓아온 오프라인에서의 반복된 경험이 누적되며 이동의 범위가 위와 아래로 그 폭이 상당히 넓어졌다. 우리의 열정, 혹은 분노는 이 확장된 공간에서 풀기를 바란다.

집으로 돌아가는 길. 바이크가 달려가는 방향이 서쪽에서 동쪽으로 바뀌면서 눈에 보이는 친구가 하나 생겼다. 해질녘이면 어느새 그림자가 앞서서 달려가 준다.

오후 8시 33분. 모스크바와는 항상 밤에 만나게 된다.

바이크를 위한 초조한 시간

나는 모스크바까지 와서 시베리아 횡단열차에 대한 자료 구축을 위해 육로로 귀환하기로 했다. 암스테르담까지 갔다가 모스크바로 돌아오면 이미 추워지기 시작한다. 9월 중순 정도 되면 우랄산맥 동쪽의 크라스노야르스크 지방이나 이르쿠츠크주의 북쪽으로부터 눈히 포장을 마치고 화물열차 안으로 들어가 자리를 잡을 때까지 모든 과정을 지켜보았다.

바이크가 손상될 위험 세 가지

유라시아 대륙을 횡단하면서 타인의 손에 의해 내 차량이 고장이 날 수 있는 경우는 세 가지이다. 첫째는 러시아 도착 후 배에서 세관창고로 이동하는 과정에서 일어날 수 있다. 러시아의 환경에 익숙하지 않은 상태에서 대처하기가 쉽지 않다. 고장 부위가 어디인지, 고장 난 차량을 어떻게 이동시켜야 하는지, 어디에서 고쳐야 하는지, 부품이 조달되는 시간과 수리 및 늘어나는 체류비용 등 감당해야 할 여러 가지 일들이 발생한다. 물론 출발하지 못하고 한국으로 다시 돌아간 사람도 있다.

둘째, 차량을 주차해야 할 때이다. 러시아에서는 유료 주차가 원칙이다. 1996년 러시아 횡단에서 현지인들에게 숱하게 들어온 말도 주차에 관한 것이었다. 길가에 세워놓으면 자동차마저도 이튿날이면 바퀴가 없어지거나 차 자체가 사라지는 경우가 빈번하다고 했다. 당시 나는 숙소가 2층이면 2층까지 모터바이크를 들어 올려놓았다. 아니면 건물 안에 들여놓았다. 그렇지 않아도 하루 일정을 마치고 나면 몸이 굉장히 지치는데 바이크를 들어올리는 건 정말 힘든 일

중 하나였다.

그래서 차는 경비가 있는 곳에 주차해야 한다. 특히 주차를 하고 하룻밤을 자야 하는 경우는 '스타얀카'라 부르는 '경비가 있는 주차장'이 있는지 확인하고 꼭 그곳에 주차해야 한다. 하나의 방에 여러 개의 침대가 놓여 있는 호스텔은 주차장이 없는 경우가 더 많다. 그럴 땐 주인에게 물어서 가까운 유료 주차장을 알려달라고 해서 주차하는 것이 안전하다.

셋째는 바이크를 나무로 포장하는 과정에서 생길 수 있다. 바이크를 실려 보낼 열차가 출발하는 역을 찾았다면 화물접수를 해야 한다. 미리 구입한 기차표를 보여주고 화물담당자로부터 포장 날짜를 지정받아야 한다. 지정일에 바이크를 타고 담당자가 알려주는 장소를 찾아간다. 그런데 러시아는 네비게이션에 의지해도 아파트나 주택은 물론이고 어떤 장소를 찾아가는 것이 생각보다 쉽지 않다. 그렇게 찾은 지정장소에서 나무로 틀을 짜고 모터바이크를 포장하는 작업이 이루어진다. 바로 이 과정에서 차량이 고장날 수 있다.

나는 물류업 종사자인 일두스와의 네트워크를 통해 포장부터 화물열차에 올리는 작업까지 함께했다. 그가 플랫폼까지 나와서 나를 배웅해준다. 영상 10도까지 떨어졌다. 앞으로도 일주일 정도 비가 계속되면서 모스크바의 가을은 겨울을 향해 더욱 깊어지게 된다.

시베리아
횡단열차로 귀환

우리나라 사람들에게 시베리아 횡단철도가 널리 알려진 것은 1933년 발표된 이광수의 소설 『유정』을 통해서다. 주인공이 자신이 한 행동에 대해 책임을 지겠다는 자세로 세상을 등진 채 시베리아로 떠나는데, 바이칼호수와 이르쿠츠크 등 시베리아의 겨울을 이국적으로 묘사하고 있다. 이보다 앞선 1927년에 조선 최초의 여성 서양화가 나혜석이 남편 김우영과 이 길을 따라 세계일주에 나섰고, 1936년 베를린 올림픽에 출전하기 위해 손기정과 남승룡 선수가 시베리아 횡단열차에 올라 금메달과 동메달을 조국에 안겼다.

시베리아 횡단철도는 러시아가 태평양으로 나아가고자 하는 정책의 결과물로 우리나라와는 개통 초기부터 많은 애증의 역사를 공유

●
0km 지점. 시베리아 횡단철도가 시작되는 야로슬라블역 플랫폼

하고 있다. 가장 가슴 아픈 역사로는 1937년에 소련의 스탈린 정권이 연해주에 살던 고려인을 17만 명 이상 중앙아시아로 강제 이주시킨 일일 것이다. 이 이주정책의 겉으로 드러난 명목은 일본이 간첩 행위를 일삼지 못하도록 한다는 것이었지만, 실제로는 고려인들이 조직화되어서 일본과 충돌할 가능성이 있는 것을 사전에 막고 이들을 노동력이 부족한 중앙아시아에 보냄으로써 또 하나의 문제를 해결하려는 것이었다. 그런데 이주과정에서 화물칸에 짐짝처럼 태워 옮겨져 2만 명 가까운 고려인이 목숨을 잃었다.

　지구가 얼마나 큰지 느껴보려면 시베리아 횡단열차를 타라는 말이 있는데 모스크바에서 블라디보스토크까지 지구둘레의 4분의 1에 해당하기 때문이다. 87개 도시 63개 역을 정차하다 보면 열차에 따라 다르지만 최소 열흘 안팎의 시간이 걸린다. 나는 7일 정도면 도착할 수 있는 열차를 탔다.

2019년 9월 17일 밤 11시 47분. 모스크바 야로슬라블역 출발

모스크바 야로슬라블역에서 시베리아 횡단열차가 출발을 앞두고 있다. 승무원은 기차 밖에서 열차 티켓과 신분증을 검사하고 있다. 나는 여권을 제시하고 기차 안으로 들어왔다. 6박 7일 동안 열차 안에서 필요한 먹거리와 생활도구가 든 커다란 봉투를 2층 비어 있는 공간 위에 올려놓았다. 열차 안까지 짐들을 함께 들어주었던 물류업자 일두스와 작별인사를 나누었다.

열차 안 복도 벽에 붙여진 시간표에서 출발시간을 확인하고

●
9월 17일 오후 11시 50분. 시베리아 횡단열차 출발

모스크바 – 블라디보스토크

나간 승객들은 주어진 시간을 체크하고 있다. 열차 옆에서 담배를 피우던 승객이 마지막으로 들어왔다.

시베리아 횡단철도는 프랑스로부터 거액의 차관을 들여와 1891년부터 공사가 시작되었다. 공사는 우랄산맥의 동편, 곧 아시아가 시작하는 구간부터 극동의 블라디보스토크까지이다. 모스크바로부터 우랄산맥 서편 곧 러시아의 유럽구간까지는 이미 철도가 놓여 열차를 운행하고 있었다. 1916년에 완공된 횡단철도는 모스크바에서 블라디보스토크까지의 장장 9,288km 거리를 가지고 있다.

안톤 체호프는 1890년 4월, 시베리아 횡단 여행을 시작했다. 모스크바에서 야로슬라블까지 기차로 이동했다. 야로슬라블에서 배를 타고 볼가강을 따라 카잔으로 이동했다. 카잔에서 카마강을 따라 페름까지 배로 이동했다. 페름에서 기차를 타고 우랄산맥을 넘어 예카테린부르크를 지나 튜멘에 도착했다. 튜멘에서 자바이칼 지방 스레텐스크까지 두필의 말이 끄는 마차를 타고 횡단했다. 바이칼호수는 작은 외륜선에 마차를 싣고 건넜다. 울란우데에서 네르친스크를 거쳐 스레텐스크에 도착했다. 증기선을 타고 실까강을 거슬러 오르다가 아무르강과 만났다. 아무르강을 따라 블라고베셴스크와 하바롭스크, 콤소몰스크 나 아무레를 거쳐 오호츠크해와 마주하고 있는 항구 니콜라옙스크 나 아무레에 도착했다. 이곳에서 상선 바이칼을 타고 타타르 해협을 따라 내려가다 사할린 섬에 도착한다. 러시아를 횡단하는 데 두 달 10일이라는 시간이 걸렸다.

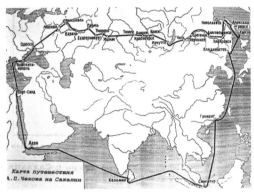

30세의 안톤 체흐프. 작가로서 이미 명성을 얻어 안락한 삶이 보장되었지만 그는 낯설고 불편한 땅 시베리아로 향했다. (사진 출처: chehov-lit.ru)

1890년 안톤 체호프의 여행 루트

1995년의 하바롭스크를 기억한다. 하바롭스크는 나에게 러시아라는 나라와 처음
만나게 해주었던 도시이다.

갖는다. 2차 대전 때 참전했던 체코 군인의 허리띠를 이 역 앞 사냥
전문점에서 구입했었다. 이 허리띠는 어떻게 유대인의 동네까지 오
게 되었을까 궁금해졌다.

9월 23일 오후 7시 하바롭스크역 도착

30분의 정차 시간 동안 한편에서는 전쟁이 벌어진다. 화물칸에
실린 짐들을 정차 시간 내에 빠르게 내려야 하기 때문이다. 큰 목소

리로 짐꾼들에게 더 빠르게 움직일 것을 재촉하던 선배 짐꾼 사샤
는 2년 전부터 나와 인연이 있다. 짐이 바닥에 던져지기 때문에 반
드시 자신의 짐을 옆에서 확인하는 것이 좋다. 여행자는 러시아에서
화물에 대한 피해 보상을 기대해서는 안 된다.

9월 24월 오전 5시 11분 우수리스크역 도착

낮에 '아르하라'에서 열차에 탑승했던 중국인 두 명이 이곳에서
내렸다. 우수리스크에서 국경을 넘으면 중국 수분화를 거쳐 하얼빈
으로 연결된다. 러시아 블라디보스토크에서 중국 하얼빈을 거쳐 러
시아 치타로 이어지는 길은 만주횡단 고속도로라고 불린다. 정확하
게는 이 도로가 아시안 하이웨이 6호선이 지나가는 길이지만, 나는
국경을 통과하는 일을 최소화하려고 러시아 땅으로만 달려 치타에
도착했었다.

2019년 9월 24일 오전 7시 7분 블라디보스토크역 도착

영상 14도. 맑고 쾌적한 날씨다. 블라디보스토크역 역사는 시베리
아 횡단열차가 출발하는 모스크바의 야로슬라블역 역사와 비슷한

- 우수리스크역. 블라디보스토크역까지는 100km 거리이다. 열차 안에서의 두 번째 샤워

- 시베리아 횡단열차의 종착지 블라디보스토크. 모스크바로부터 9,288km

외관을 가지고 있어서 6박 7일 만에 도착한 곳이 뭔가 낯설지 않은 기분이다. 이제 바이크만 무사히 찾아오면 된다.

2019년 9월 27일 오후 3시

블라디보스토크역 부근의 물류업체로 이동해서 모터바이크를 인수해서 포장 해체 작업을 끝냈다. 바이크 위에 실렸던 짐 대부분을 화물창고에서 다음 날 오전까지 보관해주기로 했다. 러시아에서 화물의 이동과정은 매우 거칠다. 던져지고 떨어지고. 모터바이크 역시

잠수함 C-56은 2차 세계대전에서 여러 가지 임무를 완수했다. 태평양과 대서양, 북해, 카리브해 등 9개의 바다와 섬, 그리고 해협을 통과하며 세계일주를 다 해본 러시아의 잠수함이다.

마찬가지이다. 모스크바에서 화물의 포장작업을 처음부터 마지막까지 지켜봤던 것처럼, 블라디보스토크에 도착한 화물의 해체 작업 역시 처음부터 마지막까지 함께했다. 그래도 바이크를 정비소로 옮겨 부품의 위치와 컨디션을 체크했다. 블라디보스토크에서 사진 작업을 하고 있는 파벨 씨와 만나 사진 촬영을 했다. 그는 반복적으로 대륙횡단해온 나와 모터바이크를 러시아의 잠수함 C-56 앞에 세웠다.

2019년 10월 15일 부산 도착, 7번 국도가 시작되는 곳에 아시안 하이웨이 6호선이 시작됨을 알리는 스티커를 제작해서 붙였다.

9장. 희망은 길 위에 있다

요리하는 시간에 들어가는 시간을 절약하기 위해서다.

　우리는 그렇게 아낀 시간으로 경험을 구매한다. 경험은 추억이 돼 삶을 풍성하게 만든다. 뭔가 사회적으로 큰일을 하거나 대단한 일을 하지 않아도 자기 성숙, 자기 객관화에 이르는 가장 좋은 길이 될 것이다. 세상 주유를 마친 사람은 돌아온 자기 자리가 넉넉지 않더라도 오롯이 자기만의 시선을 가지고 살아갈 것이다. 우리 사회와 타인이 만든 삶의 기준이나 시선에 매몰돼 흔들리거나 주눅들어 사는 그런 일은 쉽게 일어나지 않을 것이다.

유라시아의 희망은
길 위에 있다

    수많은 이동과 섞임을 통해 만나는 좋은 것, 긍정적인 것, 발전적인 것을 받아들이는 개방성을 가진 사회는 성장한다. 서구사회는 이동과 섞임을 통해 배타적이고 편협한 사고를 버리고 나와 '다른 의견'에 대해 너그럽게 경청하고 포용할 수 있는 사회로 발전해나갔다.

    이런 태도는 사회적 갈등이 생겼을 때나 문제해결을 하는 데 있어 편 가르기 하지 않고 건설적으로 생각을 모을 수 있게 한다. 모험가, 여행가, 탐험가에 찬사를 보내고, 경계 밖에 대한 호기심, 도전정신, 진취적인 모습에 대해 극찬하는 문화가 사라지지 않는 한, 앞으로도 이들과 이들의 후손들은 끊임없이 다른 문화권으로 여행하고 탐험하는 것을 멈추지 않을 것이다.

진짜 적은 따로 있다

내가 탐험가라는 명함을 만들어 나의 정체성을 스스로 다져왔던 25년은 어느 면에서는 목숨을 건 사투의 과정이었다. 영웅이 되려고 한 것도 아니지만 그렇다고 가난할 수 있다고 생각하며 시작하지도 않았다. 공적 요소를 가진 가치가 큰 일이라고 생각했기 때문에 도전했다. 하지만 내 예상을 빗나가는 고통스러운 삶이 이어질 땐 잠시 후회도 했었다. 나의 부족함에 너덜너덜해질 정도로 자책하기도 했다.

우리 중 누군가 새로운 길을 낼 때 그는 늘 소외되고 고독한 삶을 살아왔다는 것을 안다. 모든 것을 홀로 감당해야 하고 그러면서도 시선은 곱지 않던 외로운 삶이 그들의 운명이었다. 넓은 영토도 풍부한 자원도 가지고 있지 않았던 우리는 그동안 시선을 안으로만 모으며 학연과 지연과 혈연이라는 우물 안에 스스로를 가두고서 성만 쌓아왔다. 그 결과는 누구나 알고 있다.

우리는 우리를 침략했던 다른 나라가 큰 적이라고 생각하고 있지만 그렇지 않다. 지금은 경쟁에서 이기기 위해, 살아남기 위해 '나' 아닌 '너'가 적이 되었다. '내 생각'과 다른 '네 생각'은 틀린 것이라 절대 함께할 수 없는 사이로 벌어졌다. 문을 걸어 잠그고 같은 피를 나눈 같은 민족이 서로를 적으로 여겨 총을 겨누고 있는 유일한 국가다.

역사가 이렇게 되도록 우리는 우리 안에서는 좀체 사라지지 않는 성장한 적을 갖게 되었다. 이 마음속의 적을 없애려면 내 앞의 '너'를 거리 둘 필요가 있다. 비교가 습관이 되고 남의 떡이 커 보이면 나와 타인을 동시에 미워하게 되는 비극이 싹튼다. 대척하는 대상을 마주하는 시간을 줄이거나 피해야 한다.

이것은 가까운 물리적 경계를 넘는 경험을 통해서 심리적 영토를 넓히면서 해소할 수 있다. 경계 밖에서 넓은 시야와 긍정적인 힘을 가져오는 것이다. 며칠을 달려도 평원뿐인 넓은 땅을 경험하고, 수많은 인종과 민족이 살아가면서도 서로의 삶의 방식을 간섭하지 않고 사는 모습을 보며, 마음에 바람을 쐬어주고 눈을 틔워주어야 한다. 아웅다웅 티격태격 우리끼리 너무 했다는 객관적 자각을 통해 심리적 적대를 누그러뜨릴 수 있다.

그들의 손을 잡은 창의성

서구 열강들이 그러했듯 땅을 빼앗고 깃발을 꽂는 개척은 있을 수 없는 시대다. 다만 디지털 시대가 도래하며 이미 전 세계가 통일된 하나의 시장이 된 상황에서 새롭게 난 길은 또 다른 개척지로 나아갈 수 있다는 것을 의미한다. 이제 큰 길은 이미 개통되어 문이 열렸다. 필요한 것은 간선과 지선도로, 또 아직 생기지 않은 길에까지 영향을 미칠 수 있는 창의성이다. 우스갯소리로 했던 '시베리아에서 냉장고를 파는' 창의성이 필요하다.

나는 1978년 세계 최초로 에베레스트를 산소통을 메지 않고 오른 라인홀트 메스너Reinhold Messner를 좋아한다. 그는 세계 최초로 히말라야 8,000m급 봉우리 14좌를 무산소로 완등한 신화를 썼다. 무엇보다 남들이 가지 않는 난코스를 선택해 창의적인 등정을 했다는 점이 존경할 만하다. 그 길을 통한 그 산은 그가 최초로 오른 것이다. 이제 시대는 고지 정복에 크게 의미를 두지 않는다. 그 이유는 매스너 때 이미 끝났기 때문이다.

창의적인 일은 한 사람의 아이디어로 시작할 수는 있지만 그 일을 실제 완성하게 될 때까지는 더 많은 사람들의 머리가 필요하다. 특히 우리가 잘 알지 못하는 곳에서, 우리가 경험하지 못한 환경 속에서 성공하려면 그곳을 잘 아는 현지인의 생각과 도움이 필요하다. 그곳에 사는 사람들에게 아무런 이익이 없는 일을 하면서 우리가 필요한 것만 취하는 것은 또 다른 이름의 약탈일 수 있다.

에베레스트산을 최초로 올랐던 힐러리 경은 텐징 노르가이라는 현지인 셸파와 함께하면서 오를 수 있었다. 연해주를 개척한 탐험가 아르세니예프 또한 자신의 경험과 기술을 모두 내려놓고, 혹독한 자연환경을 오랫동안 적응하며 살아온 현지인 데르수 우잘라를 평등한 파트너로 삼아 함께했기 때문에 성공할 수 있었다.

나는 길에서 만났던 그 모든 사람들이 소중하다. 그들이 내게 어떤 이득을 줄 수 있기 때문이 아니라 그들은 77억 인구가 사는 지구에서 옷깃 이상을 스친 소중한 인연이고, 그 중에는 오래 인연을 이어온 소중한 친구들이 많기 때문이다. 물론 그 안에는 내 꿈과 그들의 꿈을 함께 이루어나가는 미래의 파트너가 될 많은 이름들이 들어 있다.

철도에 묶인 부산의 가능성

아시안 하이웨이 6호선 시작점에서 불과 2km 거리에 부산역이 있다. 부산시는 부산역 광장 앞에 '유라시아 플랫폼'이라는 이름으로 390억의 국비를 받아 1,400평 규모의 건물을 세웠다. 유라시아와 관련해서 아직은 텅빈 공간인데 어떤 콘텐츠들이 들어설지 궁금하다.

1991년 12월, 소비에트가 해체되었을 때부터 우리는 시베리아 횡단철도에 미래가 있다고 말해왔다. 30년 동안 세월이 흐르고 정권이 여러 차례 바뀌어도 정부의 구호는 한결같았다. 반면 러시아는 빠르게 변하고 있었다. 2010년에 러시아를 가로지르는 러시아 횡단 연방도로가 완성되면서 아시아와 유럽이 하나의 길로 연결되었다. 따끈따끈한 대륙횡단도로를 따라 생기는 변화들이 구체적이고 엄청나다.

그런데 우리 정부의 관심은 오로지 철도이다. 대규모의 프랑스 차

관으로 만들어진 시베리아 횡단열차를 제외하더라도 중국 자본과 터키를 앞세웠던 미국 자본, 독일을 중심으로 한 유럽 자본들이 이미 유라시아 대륙 곳곳에 많은 영향을 끼치고 있다. 이들은 소련 해체 이후 30년째 유라시아 대륙 곳곳에서 뿌리를 내려왔다. 이미 도로가 철도의 수송력을 넘어서고 있는데 시베리아 횡단철도에 대한 변치 않는 짝사랑을 하며 옛것에 투자하고 있는 상황 인식이 안타깝기만 하다.

이미 철도는 사람과 물건이 오가고 있는 일상이다. 시베리아 횡단열차에 대한 정보는 오래된 교통수단인 만큼 충분히 많이 공개되어 있다. 인터넷 보급률이 세계 최고인 데다가 적응력 빠른 한국인들은 이미 알아서 시베리아 횡단열차를 많이 이용하고 있고 개별적이고 사소한 정보들까지 공유하고 있다.

후방 지원 사격만 필요하다

정부가 국가산업 차원에서 물류 이동 루트를 생각한다면 시베리아 횡단철도가 아니라 러시아 횡단도로에 주목해야 한다. 러시아는 이미 도로에 경쟁력이 있다고 판단하고 열차보다 유연성을 가진 차량 수송 비율을 점차 높이고 있다. 대동맥과 같은 횡단도로의 완전한 개통은 앞으로 간선도로와 지선도로까지 함께 살아나게 하면서 사회가 세련되고 성숙한 사회이다. 그런 기준에서 탐험이나 여행은 '다름'에 대해 아주 관용적인 시선과 시간을 선물한다. 마음을 열고 수많은 '다름' 가운데 좋은 것은 받아들이고 나쁜 것은 나쁜 것대로 반면교사를 삼는 이 모든 것을 여행을 통해 얻을 수 있다.

아시안 하이웨이 6호선의 출발점 부산. 이곳에서 유라시아 대륙의 길이 시작된다. 45억 인구의 거대 시장이자 지구 자원의 보고인 유라시아 대륙은 현재로 다가온 우리의 미래이다. 나는 그동안 구축해온 자료를 바탕으로 부산에서 시베리아를 거쳐 암스테르담에 이르는 길 위에 여행자들을 위한 복합공간 '유라시아 콤플렉스Urasia Com-plex'를 구상해왔다. 대한민국 국민이라면 누구나 확장된 공간을 경험해볼 수 있도록 유라시아 대륙 전체를 네트워크화하려는 계획을 가지고 있다. 내게 열두 개의 베이스캠프는 그런 의미이다.

이곳에서 어떻게 유라시아 대륙을 횡단하는지 한눈에 알 수 있는 상설 전시관을 마련하고 대륙에 어떠한 기회와 위험요소가 있는지 공부하기 위한 아카데미, 여행자도움센터, 여행자카페, 여행전문도서관, 여행자게스트하우스, 여행축제, 체험프로그램 등을 제공하고자 한다.

이를 바탕으로 지리, 인류, 식물, 음악, 미술 등 다양한 계층의 전문가들과 함께 유라시아 대륙을 항해하는 선단을 꾸릴 계획도 갖고 있다. 대륙의 현장에서 모은 수많은 자료가 융합의 과정을 통해 더욱 확장된 문화콘텐츠 생산으로 나아갈 수 있길 기대한다. 가치 있

는 일에 도전하는 청년의 꿈과 그 꿈이 이루어지도록 함께 지켜봐
주는 두 눈을 가진 사회의 어른이 되면서 나이 들고 싶다.

EPILOGUE

|

길은 많아도 인류가 가야 할 분명한 종착지는 하나.
수많은 위기 앞에 세계는 소통과 이해의 길을 달리고
연대와 공생의 길을 달려 궁극의 평화로 가야 한다.
우리도 그 길을 가야 한다.

아시안
하이웨이
6호선

1판 1쇄 인쇄 2022년 1월 21일
1판 1쇄 발행 2022년 1월 28일

지은이 김현국

발행인 양원석
디자인 정세화, 김미선 **영업마케팅** 양정길, 김지현

펴낸 곳 ㈜알에이치코리아
주소 서울시 금천구 가산디지털2로 53, 20층 (가산동, 한라시그마밸리)
편집문의 02-6443-8842 **도서문의** 02-6443-8800
홈페이지 http://rhk.co.kr
등록 2004년 1월 15일 제2-3726호

ISBN 978-89-255-7883-5 (03900)

※ 이 책은 ㈜알에이치코리아가 저작권자와의 계약에 따라 발행한 것이므로
   본사의 서면 허락 없이는 어떠한 형태나 수단으로도 이 책의 내용을 이용하지 못합니다.

※ 잘못된 책은 구입하신 서점에서 바꾸어 드립니다.

※ 책값은 뒤표지에 있습니다.